비즈니스
다크심리학

悪用禁止! 仕事ができる人だけが知っている悪魔の法則100
by 齊藤 勇

Copyright © 2025 by Isamu Saito
Original Japanese edition published by TAKARAJIMASHA, Inc.
Korean translation rights arranged with TAKARAJIMASHA, Inc. through Sienna Jo Agency.
Korean translation rights © 2026 by Maekyung Publishing Inc.

비즈니스 다크심리학

사이토 이사무 지음 　 김은선 옮김

悪魔の法則

매일경제신문사

인간은 자신의 의지로 생각하고, 선택하며, 행동한다고 믿는다. 하지만, 상대의 말투, 시선, 침묵의 길이 같은 사소한 자극이 당신의 결정을 좌우한다는 사실을 아는가?

'내가 느끼는 희로애락마저 무언가에 조종당한 결과라면?'

상상만으로도 등골이 서늘해지지 않는가? 인간은 이성보다 감정에 지배당하기 쉬운 동물이다. 이는 곧 마음을 조종하는 기술을 알면 타인을 당신이 원하는 방향으로 이끌 수 있다는 뜻이다.

누구나 내면 깊은 곳에는 어두운 본성이 숨어 있다. 당신의 잠재의식에 도사리고 있는 어둠, 즉 또 다른 자아는 이성보다 욕망에 민감하다. 그 존재는 끊임없이 당신의 귓가에 속삭인다.

"이렇게 말하면 상대를 뜻대로 움직일 수 있다."

"이 말 한마디면 상대는 너를 맹신할 것이다."

심리학과 행동경제학은 인간의 판단이 얼마나 불완전하며, 이성이 아닌 감정에 크게 의존하는지를 보여준다. 거래와 협상, 연애를 포함한 모든 인간관계는 결국 동일한 심리 메커니즘 위에서 작동한다.

명심할 것은 이것이 양날의 검이라는 사실이다. 당신의 선택에 따라 그 속삭임은 유용한 도구가 될 수도, 나와 타인 모두를 해치는 흉기가 될 수도 있다. 상대를 효율적으로 이끌면 신뢰가 쌓이지만, 어쭙잖게 지배하려 들면 관계는 무너진다. '다크심리학'은 당신을 구원할 수도, 나락으로 떨어뜨릴 수도 있다.

당신이 이 책을 집어 든 것은 결코 우연이 아니다. 타인을 조종하고자 하는 내면의 어두운 본능이 당신을 인도한 것이다.

자, 이제 페이지를 넘길 준비가 됐는가? 끝없는 내면의 어둠을 엿볼 용기가 필요한 순간이다.

사이토 이사무

차례

Part 2 ⁙ 타인을 은밀하게 조종하는 기술

Part 4 ┆ 다크심리로 성과를 만드는 전략

Part 5 | 조직을 장악하는 리더의 기술

Part 6 ✝ 욕망을 부추기는 동기부여의 기술

당신의 선택, 당신의 감정도 어쩌면 무언가에 조종당한 결과일지 모른다.
인간의 마음은 취약하기 그지없어서 사소한 자극에도 크게 요동친다.
이 법칙들은 비즈니스 현장에서 강력한 무기가 되지만,
자칫하면 오히려 당신을 함정에 빠뜨릴 수 있다는 사실을 명심하라.

Part 1

비즈니스를 지배하는
심리 법칙

큰 수의 법칙

소수의 성공으로 현혹하라

우연한 성공은 때로 우리의 눈을 멀게 한다. 고객 몇 명의 칭찬과 연달아 성사된 몇 건의 계약만으로도 이건 반드시 된다는 확신이 차오른다. 그것이 바로 실패를 향한 낭떠러지라는 사실을 알아채지 못한 채.

통계학이 말하는 '큰 수의 법칙Law of Large Numbers'은 적은 횟수의 시행 결과에 현혹되지 말라고 경고한다. 횟수가 늘어날수록 결과는 냉혹하게도 평균으로 수렴하기 때문이다.

10명에게 물었을 때 8명이 사고 싶다고 답해도, 그것은 환상일 수 있다. 조사 대상을 1,000명으로 넓히는 순간 같은 응답이 나올 확률은 60% 아래로 떨어진다. 소수의 목소리에 기대어 내린 섣부른 판단은 결국 혹독한 대가를 부른다. 영업 전략이든 인사 제도든,

데이터의 모수가 커질수록 예측의 정확도는 높아진다.

그렇다고 모수가 크기만 하면 문제없다는 뜻은 아니다. 편향된 집단이나 입맛에 맞는 조사로 부풀려진 모수는 모래성에 불과하다. 작은 수의 우연에 일희일비하지 말고, 큰 수가 보여주는 냉정한 현실을 직시해야 한다.

이 원리를 최초로 이론화한 인물은 17세기 수학자 야코프 베르누이Jacob Bernoulli다. 그는 동전 던지기나 주사위 던지기 같은 단순한 행위를 수백, 수천 번 반복하면 결과의 비율이 수학적 확률에 가까워진다는 사실을 증명했다. 이후, 이 이론은 통계학, 보험, 금융공학 등 다양한 분야에서 폭넓게 응용됐고, 오늘날 마케팅 조사와 AI 머신러닝의 근간이 되었다.

소수의 우연에 현혹되지 않고 거대한 데이터 속에서 경향을 파악하는 태도야말로 과학적 재현성이 뒷받침된 승리의 법칙이다. 이 책에서 냉철한 수에 관한 법칙을 가장 먼저 꺼내 든 이유도 여기에 있다.

소수의 기적에 귀 기울이라는 속삭임은 달콤한 함정에 불과하다. 당신을 승리로 이끄는 것은 무수히 많은 목소리에 담긴 필연이다. 앞으로 당신은 수많은 함정을 마주치게 될 것이다. 하지만 두려워할 필요는 없다. 지식이라는 무기만 있으면 함정조차 기회로 바꿀 수 있다. 그 첫걸음이 바로 큰 수의 법칙이다.

앵커링 효과

먼저 던진 숫자가 판단을 지배한다

"정가 10만 원 상당의 상품을 금일 한정 6만 원에 드립니다!"

이런 광고 문구를 마주하는 순간, 우리는 본능적으로 이득이라고 느낀다. 합리적인 소비자라면 금액의 크기와 무관하게 그만한 가치가 있는지부터 따져봐야 하지만, 10만 원이라는 숫자가 마음에 닻Anchor을 내리는 순간 이성은 쉽게 마비된다. 이것이 바로 '앵커링 효과Anchoring Effect'라는 심리적 함정이다.

이 함정은 일상 곳곳에 도사리고 있다. "15,000원 → 10,000원"이라고 적혀 있으면, 10,000원이 시세보다 저렴한 가격이라고 믿어 의심치 않는다. 비즈니스 협상 테이블에서도 마찬가지다. "연간 500만 원이 일반적입니다"라는 말이 나오는 순간, 500만 원을 기준으로 협상이 시작된다. 인간은 비교를 통해 판단하는 습성이 있기 때문에, 처음 접한 정보가 닻이 되어 이후의 판단을 구속한다.

비즈니스에서 앵커링 효과를 활용하는 핵심 비결은 상대보다 먼저 닻을 내리는 것이다. 가격 협상에서는 다소 공격적인 금액부터 제시해야 유리한 고지를 점할 수 있다. 프레젠테이션에서도 본론으로 들어가기 전에 중요한 성과를 먼저 각인시켜야 호의적인 반응을 끌어내기 쉽다. 할인가와 정가를 병기해 소비자의 구매 욕구를 자극하는 마케팅 기법도 이 원리에 기반한다.

단, 욕심이 앞서 수치를 부풀리거나 날조해서는 안 된다. 신뢰가 무너지면 협상의 여지조차 사라져버린다. 반대로 상대에게 주도권을 빼앗겼다면 정신을 바짝 차려야 한다. 숫자의 근거를 집요하게 검증하여 닻을 뽑아 올려라. 어떤 상황에서도 냉정함을 잃지 않는 태도가 최선의 방어책이다.

앵커링 효과는 정보의 본질보다 제시하는 방식에 부화뇌동하는 인간의 취약함을 비춘다. 첫 번째 숫자를 믿으라는 유혹에 휘둘릴 것인가, 역이용할 것인가? 판을 주도할 것인지, 끌려다닐 것인지는 오직 당신에게 달려 있다.

성공률 80%와 실패율 20%는 다르게 느껴진다

"이 서비스를 이용하면 비용을 20% 절감할 수 있습니다"라는 설명은 도입을 긍정적으로 검토하게 만든다. 반면, "이 서비스를 이용하지 않으면 현 상태가 유지됩니다"라는 표현은 같은 정보를 담고 있음에도 도입의 필요성을 크게 느끼지 못하도록 한다. 결국 내용은 같지만 어떤 틀에 담아 전달하느냐에 따라 인식은 완전히 달라진다. 이것이 바로 '프레이밍 효과 Framing Effect'다.

인간은 스스로 논리적으로 사고한다고 믿지만, 실제로는 정보가 담긴 틀에 쉽게 현혹된다. "수술 성공률 90%"라는 말에는 안도하지만, "실패 확률 10%"라는 말을 듣는 순간 불안에 떨기 시작한다. "10일 지연되고 있습니다"라는 업무 보고는 무언가 잘못되고 있다는 인상을 주지만, "전체 공정의 90%가 기한에 맞춰 차질 없이 진행 중입니다"라는 보고는 순조롭게 나아가고 있다는 말로 들린다. 홍보 문구도 마찬가지다. "선착순 50명!"이라고 하면 마음이 조급해지지만, "아직 50명분 남았습니다!"라고 하면 굳이 서두를 필요를 느끼지 못한다.

업무에서 더 나은 성과를 내고 싶다면 틀을 짜는 기술을 체득해야 한다. "이직률이 낮아졌다"라는 부정적 표현보다 "정착률이 높아졌다"라는 긍정적 표현이 저항감을 줄인다. "실수가 3건이나 있었다"라는 지적보다 "7건은 완벽하게 처리했다"라는 인정이 동기를 끌어올리는 데 훨씬 효과적이다. 말은 사실 자체를 바꾸지는 못하지만, 그 사실이 만들어내는 결과는 충분히 바꿀 수 있다.

단, 프레이밍을 자신에게 유리한 방향으로만 남용해서는 안 된다. 의도가 뻔히 보이는 프레임은 간파당하기 쉽고, 이는 곧 신뢰의 추락으로 이어진다. 당신 자신도 상대의 프레임에 현혹되지 않도록 냉철하게 따져보는 습관이 필요하다.

프레이밍 효과는 인간의 판단이 언어라는 도구에 얼마나 취약한지를 보여준다. 비즈니스에서 승리하려면 언어의 선구안을 갖춰야 한다. 긍정의 프레임으로 순풍을 일으키고 싶은가? 위기감의 프레임으로 행동을 촉구하고 싶은가? 당신이 선택한 그 프레임이 성과를 좌우할 것이다.

희소성의 법칙

'희소성'이라는 이름의 가스라이팅

"남은 수량 3개"라는 문구를 보는 순간, 소유욕이 불쑥 고개를 든다. "오늘 판매 종료"라는 문장은 망설이던 마음을 단숨에 돌려세운다. 수량과 기간을 제한했을 뿐인데, 평범한 물건이 진귀한 보물로 둔갑한다. 이것이 바로 '희소성의 법칙Law of Scarcity'이다.

심리학은 인간이 획득하기 어려운 대상을 더 높게 평가하는 본능이 있음을 지적한다. 손에 넣기 힘들다는 사실을 가치 있다는 증거로 착각하는 것이다. 마케팅에서 '수량 한정', '기간 한정' 같은 표현이 전방위적으로 사용되는 이유도 여기에 있다. 경매에서 느닷없이 낙찰가가 치솟는 현상 역시 지금이 아니면 영영 못 구할지도 모른다는 두려움이 경쟁심을 달군 결과다.

비즈니스에서 희소성의 법칙은 상대를 움직이는 강력한 촉매가 된다. '이벤트는 이번 주까지입니다'라는 기한 안내는 즉각적인 결단을 끌어낸다. 사내 연수 참가자를 모집할 때도 '1년에 단 한 번, 소수 정예로 실시하는'이라는 조건을 붙이면 참여율이 급상승한다. 선착순 100명 한정으로 신상품을 출시하는 전략 또한 마찬가지다. 사람은 냉철하게 가치를 비교 분석하며 결정할 때보다 기회 상실에 대한 불안감에 등을 떠밀릴 때 더 적극적으로 움직인다.

단, 희소성을 과장하거나 조작해서는 안 된다. 실제로는 재고가 충분함에도 '매진 임박'을 내세우는 행위는 신뢰를 단숨에 갉아먹는다. 또한 지나친 제약은 소비자의 반발과 불만을 불러올 수 있다. 희소성은 정직함과 정교한 설계가 전제될 때 비로소 힘을 발휘하는 전략이다.

당신의 마음을 사로잡은 그것은 진정한 가치를 지니고 있는가, 아니면 단지 손에 넣지 못할지도 모른다는 두려움이 만들어낸 허상인가? 냉철한 판단으로 영리한 전략을 세운다면 성과를 거머쥘 수 있다. 그러나 희소성에 현혹되어 판단을 그르친다면, 결국 뼈아픈 후회만 남게 될 것이다.

대비 효과

비싼 것부터 보면
뭐든 저렴해 보인다

고가 브랜드의 정장을 보고 나서 평범한 재킷을 권유받으면 생각보다 싸다는 느낌이 든다. 반대로, 저렴한 점퍼를 먼저 본 후에는 어쩐지 비싸게 느껴진다. 이처럼 앞서 제시된 정보에 따라 뒤따르는 대상의 평가가 달라지는 현상을 '대비 효과 Contrast Effect'라고 한다.

심리학은 인간이 절대적인 판단 기준 따위는 가지고 있지 않음을 끊임없이 지적한다. 같은 가격이라도 비교 대상에 따라 비싸게도, 혹은 싸게도 느껴진다. 상대적으로 비싼 상품을 먼저 제시한 후 주력 상품을 보여주는 방식은 전형적인 세일즈 테크닉이다. 높은 금액이 기준이 되고 나면, 그와 대비를 이루는 낮은 가격이 더 매력적으로 다가온다.

이는 앞서 살펴본 '앵커링 효과'와 맥을 같이한다. 먼저 접한 정보가 기준이 된다는 점은 같지만 앵커링 효과가 숫자를 기준으로 작동한다면, 대비 효과는 순서나 대상 자체의 비교에 작용한다.

비즈니스에서는 이 둘을 조합해 활용할 수 있다. 먼저 비싼 견적을 제시해 기준점을 높여두면, 이후의 제안은 합리적인 가격으로 자동 포장된다. 프레젠테이션에서도 파격적인 숫자를 전면에 배치하면 뒤따라 나오는 숫자는 비교적 덤덤하게 받아들여진다. 이처럼 인간은 연속적으로 제시되는 정보를 분리해 판단하지 못한다.

단, 과도한 조작은 독이다. 상대가 착시 효과에 속았다고 느끼는 순간 관계는 깨지고 만다. 터무니없는 가격을 비교 대상으로 제시해봐야 불신을 초래할 뿐이다.

물론 당신 자신도 비교의 함정에 빠질 위험이 있다는 사실을 기억하라. 투자를 결정할 때도, 인사 판단을 내릴 때도, 비교 순서에 휘둘리지 않도록 경계해야 한다.

대비 효과는 진실을 왜곡하는 색안경이다. 당신은 대상의 본질적인 가치를 보고 있는가, 아니면 대비라는 극적인 연출에 놀아나고 있는가?

프라이밍 효과

선입견이라는
보이지 않는 수갑을 채워라

회의 시작 전 동료가 "오늘 만날 고객은 엄청 까다로워"라고 당신의 귓가에 속삭인다. 그 순간, 마음속에서 '힘든 협상이 되겠군'이라며 방어기제가 작동한다. 이것이 바로 '프라이밍 효과Priming Effect'다. 사전 정보가 이후의 판단과 행동을 특정 방향으로 몰아가는 현상이다.

프라이밍 효과는 심리학 실험으로 증명됐다. 지팡이, 주름, 간병 등 노화를 연상시키는 단어를 읽은 피험자들은 걷는 속도가 현저히 느려졌다. 고작 단어 몇 개에 담긴 정보가 신체 움직임에까지 영향을 미친 것이다. 부정적인 말은 기분을 가라앉히고, 긍정적인 말은 사기를 북돋는다. 이처럼 인간은 자기도 모르게 선입견에 조종당한다.

비즈니스에도 이 원리를 활용할 수 있다. "오늘 마침 잘 오셨네요!"라는 말로 상담을 시작하면 기대감을 한껏 높일 수 있다. 프레젠테이션에서도 "이미 다수의 성공 사례가 나왔습니다!"라고 언급하면, 이후의 설명이 훨씬 수월하게 받아들여진다. 반대로 무심코 내뱉은 부정적인 말 한마디는 상대를 뒷걸음질하게 만든다.

선입견의 함정을 역이용하는 기술도 있다. 의도적으로 부정적인 정보를 흘려 당신에게 유리한 판단을 유도하는 것이다. "이 상품은 워낙 인기가 많아서 다른 매장은 이미 품절이라고 하더군요"라고 넌지시 말해보라. 상대는 구하기 어렵다는 선입견에 갇혀 당신의 제안을 외면하기 힘들어질 것이다. 다만, 지나치게 노골적으로 사용하면 의도를 간파당해 신뢰를 잃을 수 있다. 관건은 얼마나 자연스럽게 대화에 녹여내느냐다.

당신은 어떤 첫마디를 던질 것인가? 선입견이라는 고삐를 틀어쥘 준비가 되었는가?

공포는 가장 빠른 의사 결정 장치다

"이번 주가 지나면 할인 혜택이 사라집니다!"라는 문구는 조바심을 불러일으킨다. 반면 "이번 주말까지는 할인받을 수 있습니다!"라는 표현은 상대적으로 행동을 끌어내는 힘이 약하다. 사람의 마음은 이익을 얻는 기쁨보다, 이미 가진 것을 잃을지도 모른다는 두려움에 훨씬 민감하게 반응하기 때문이다. 심리학에서는 이러한 경향을 '손실 회피 편향Loss Aversion Bias'이라고 부른다.

심리학자 대니얼 카너먼Daniel Kahneman과 에이머스 트버스키Amos Tversky는 인간이 이익의 기쁨보다 손실의 고통을 두 배나 강하게 느낀다는 사실을 밝혀냈다. 얻을 수 있다는 기대보다 잃을지 모른다는 공포심이 더 강력한 원동력이 되는 셈이다. 보험이나 보증 서비스가 이 심리적 기제를 집요하게 파고드는 이유도 여기에 있다.

이 심리 기술은 특히 상대의 결단을 끌어낼 때 위력을 발휘한다. "지금 계약하지 않으면 경쟁사에 시장을 빼앗길 수 있습니다"라는 압박이 상대의 마음을 더 깊숙이 파고든다. "이직을 막지 못하면 막대한 채용 비용을 지출해야 합니다"라고 경고할 때 더 효과적으로 위기감을 공유할 수 있다. 세일 종료 임박, 품절 임박 같은 마케팅 문구 또한 손실을 피하려는 인간의 본능을 정조준한 전략이다.

다만, 여기에도 함정이 있다. 공포심을 과하게 부추기면 오히려 역효과가 날 수 있다. 상대가 공포 마케팅에 휘둘리고 있다고 직감하는 순간, 신뢰는 단숨에 무너진다. 당장은 성과를 거둘지 몰라도 장기적인 파트너십으로 이어지기는 어렵다.

이 기술은 상대를 움직이는 무기인 동시에, 자신을 옭아매는 사슬이 될 수도 있다. 손해 보고 싶지 않은 마음에 매몰되면 도전을 포기하고 기회를 놓치게 되기 때문이다.

손실 회피 편향은 인간의 의사 결정이 합리성보다 철저히 감정에 지배당한다는 사실을 적나라하게 드러낸다. 본능은 득보다 실을 두려워하라고 속삭인다. 그 속삭임에 무릎 꿇을 것인지, 전략으로 활용할 것인지는 오로지 당신의 몫이다. 당신의 선택에 따라 결과는 얼마든지 뒤집힐 수 있다.

매몰 비용 효과

아깝다는 감정이
발목을 잡는다

지루한 영화를 보면서도 티켓값이 아까워서 끝까지 자리를 지키거나, 비싼 값을 치렀다는 이유로 배가 부른데도 억지로 그릇을 비워낸 경험이 한 번쯤은 있을 것이다. 멈출 자유가 있음에도 이미 치른 대가에 얽매여 비합리적인 선택을 고수하는 것. 이것이 바로 '매몰 비용 효과Sunk Cost Effect'다.

정통 경제학은 되돌릴 수 없는 과거의 비용을 0으로 간주하고 의사 결정에 참고해서는 안 된다고 충고한다. 하지만 인간의 심리는 그렇게 이성적으로 작동하지 않는다. "지금까지 들인 공이 얼마인데!", "여기서 관두면 모두 허사인데!"라는 미련이 발목을 잡는다. 투입한 노력이 크고 비용이 많이 들수록 비합리적인 선택을 되풀이하는 악순환에 빠져들 가능성이 커진다.

비즈니스 세계에서 매몰 비용의 늪은 더 깊고 위험하다. 막대한 개발비를 쏟아부은 신제품은 시장성이 보이지 않아도 포기하지 못하고, 채용과 교육에 큰 비용을 들인 직원이 성과를 내지 못해도 조금만 더 지켜보자며 결단을 미룬다. 시스템을 운용하는 과정에서 명백한 결함이 발견되어도 이미 투자한 시간과 돈이 아까워서 개선을 주저하기도 한다. 이렇듯 과거에 대한 미련은 현재의 합리적인 판단을 가로막는다.

이 늪에서 벗어나려면 과거가 아닌 미래의 이익과 손실로 시선을 돌려야 한다. 지금까지 얼마를 투자했는지가 아니라, 앞으로 얼마의 이익을 얻을 수 있는지를 따져야 한다. 이때, 철수 기준을 수치로 설정해두면 도움이 된다. "6개월 이내에 매출 목표의 70%를 달성하지 못하면 무조건 철수한다"라는 식의 명확한 가이드라인이 있으면 결정적인 순간에 감정에 휩쓸릴 가능성이 작아진다.

당신을 속박하는 매몰 비용 효과는 사용하기에 따라서 타인을 설득하는 명분이 되기도 한다. "기왕 투자했으니 조금만 더 해봅시다!"라는 한마디에 상대는 합리적인 근거를 따지기보다 과거의 지출에 연연하여 제안을 받아들일 가능성이 커진다.

"그간의 노력을 물거품으로 만들 셈인가?"라는 교묘한 속삭임을 전략적 무기로 활용할 지혜가 당신에게는 있는가?

휴리스틱 사고

복잡한 선택의 순간일수록 인간은 지름길을 택한다

회의 중 난해한 의사 결정을 내려야 하는 순간을 떠올려보라. 그래프가 너무 복잡해서 비교조차 어려울 때, 우리는 눈에 띄는 색이나 목소리 큰 사람의 의견과 같은 직관적 지름길로 홀리듯 들어선다. 이것이 바로 '휴리스틱_{Heuristic} 사고'다.

인간의 뇌는 방대한 정보를 처리하기 위해 무의식적으로 단순한 규칙을 가동한다. 이는 쉽고 빠른 의사 결정을 가능케 하지만, 동시에 잘못된 결론에 도달할 위험도 내포하고 있다.

휴리스틱에는 몇 가지 유형이 있다. 먼저 '대표성 휴리스틱'. 이는 임의의 특징이 집합의 특성을 대표한다고 착각하는 현상이다. 가령 IT 기업 면접장에 안경을 쓴 젊은 남성이 들어서면, "개발자인가 보군"이라며 넘겨짚는 경우가 여기에 해당한다. 실제로는 영업직 지원자일 수 있는데도 말이다. 투자 대상을 선정할 때도, '급성장하는 벤처기업 = 유망 기업'이라는 믿음에 빠져 리스크를 간과하곤 한다.

한편, '가용성 휴리스틱'은 머릿속에서 가장 먼저 떠오르는 정보에 판단이 휘둘리는 현상이다. 뉴스에서 항공기 사고를 접하면 비행기는 위험하다는 인식이 자리 잡는다. 실제 비행기 사고율은 극히 낮음에도, 강렬하게 각인된 정보가 논리를 압도하는 것이다.

비즈니스에서도 이 심리 메커니즘은 여지없이 작동한다. 복잡한 비교표를 제시받으면, 내용을 세심히 분석하기보다 숫자가 큰 쪽 혹은 익숙한 브랜드라는 직관에 판단을 맡긴다. 영업에서도 마찬가지다. '가장 많이 팔리는', '유명 기업이 도입한'이라는 수식어를 붙이는 것만으로도 복잡한 검토 과정을 가볍게 건너뛴다.

하지만 지름길은 언제나 함정을 품고 있다. 단편적인 정보에 현혹되면 본질을 놓치기 쉽다. 당신이 판단을 내리는 위치에 있다면, 직관에 의존하고 있지는 않은지 자문하라. 휴리스틱 사고는 무의식적으로 작용하는 인간 본연의 습성임을 잊지 말아야 한다.

여키스-도슨 법칙

긴장감이라는
천연 각성제를 복용하라

중요한 프레젠테이션 직전, 심장이 요동치고 손바닥에 땀이 고인다. 이 긴장감은 아군일까, 적군일까? 심리학 연구에 따르면, 적당한 긴장감은 잠들어 있던 능력을 깨우지만, 과하면 역효과를 낸다. 이것이 바로 '여키스-도슨 법칙Yerkes-Dodson Law'이다.

1908년에 이루어진 실험을 살펴보자. 쥐에게 전기 충격을 주며 미로학습을 시킨 결과, 자극이 너무 약하면 집중하지 못했고 너무 강하면 혼란에 빠져 성적이 떨어졌다. 인간도 마찬가지다. 긴장감이 전혀 없는 상태에서는 집중력을 높일 수 없고, 과도한 긴장감은 퍼포먼스를 방해한다. 즉, 적당한 긴장감이 성과를 극대화하는 것이다.

비즈니스 현장도 예외는 아니다. 프레젠테이션 전 적당한 긴장을 느끼는 것만으로도 최적의 각성 상태를 유지할 수 있다. 신규 고객을 상대할 때도 어느 정도 부담감을 느껴야 실력을 제대로 발휘할 수 있다. 반대로, 지나치게 긴장하면 목소리가 떨리고 말이 빨라져 중요한 메시지를 전달하기 어렵다.

주도권을 쥐고 싶은 사람이라면 상대의 심리를 흔드는 기술로 활용 가능하다. 상대를 적당히 긴장시키는 분위기를 조성하면 당신의 말에 더 귀 기울이게 할 수 있다. 면접장이나 상담실을 비일상적인 공간으로 꾸미는 것도 이런 전략의 일환이다.

다시 말하지만, 긴장이 너무 약하거나 너무 강하면 효과를 얻을 수 없다. 긴장감 0%는 나태로, 100%는 패닉으로 이어진다. 최적값은 70%다. 베스트 퍼포먼스를 발휘하고 싶다면 긴장감을 두려워하기보다 적당한 자극제로 이용할 줄 알아야 한다. 긴장감을 조절하는 능력이 당신의 성과를 좌우한다.

편승 효과

다수의 발자국을
따라오게 하라

긴 줄이 늘어선 식당을 보면 자연스럽게 맛집일 것이라는 확신이 생기고, 어느새 대기열에 합류하고 싶어진다. 다수가 선택한 쪽이 더 안전하다고 믿는 이러한 심리를 심리학에서는 '편승 효과 Bandwagon Effect'라고 부른다.

인간은 불확실성이 클수록 다수의 판단에 따르는 경향이 있다. 많은 사람이 선택했으니 리스크가 낮을 것이라는 막연한 믿음에 의탁하는 셈이다. 특히 다수의 선택이 수치로 가시화될 때 이 습성은 증폭된다. '랭킹 1위', '별 5개', '누적 판매 10만 개' 등의 문구는 틀림없다는 확신에 쐐기를 박는다. 회의에서도 마찬가지다. "이미 80%의 기업이 채택했다"라는 말을 들으면 어느새 마음은 찬성으로 기운다.

비즈니스에서 승기를 잡고 싶다면 다수의 선택임을 암시하라. 온라인 스토어에서는 구매자 수, 남은 수량, 리뷰 건수를 도드라지게 표시한다. 프레젠테이션에서는 도입 업체 수나 유명 고객사의 이름을 첫머리에 제시하는 것이 효과적이다. 상품 홍보 현장에서는 사용자들의 생생한 후기를 전면에 내세우고, 이벤트 집객 단계에서는 신청자 누계와 증가 추이를 함께 보여주는 것이 효과적이다. 사람은 개별 사례보다 숫자가 만들어내는 기세에 더 강하게 반응하기 때문이다.

효과가 큰 만큼 악용의 대가 또한 혹독하다. 부풀린 수치, 조작된 리뷰, 'No.1' 표기의 남발이 단기적으로는 통할지 몰라도, 거짓이 탄로 나는 순간 고객은 영원히 등을 돌린다. 신뢰를 지키고 싶다면 수치의 근거와 산출 방법을 명시하고 최신 데이터로 갱신하라. 전문성과 개인화, 품질이 중요한 분야에서는 다수의 선택임을 강조하기보다, 제안을 채택해야 하는 이유를 구체적으로 설명하는 편이 훨씬 효과적이다.

당신이 선택하는 입장이라면 방어책을 마련해야 한다. ① 적어도 세 가지 평가 기준을 설정하라(가격, 효과, 기한 등). ② 수치는 모수와 기간을 확인하라. ③ '다수의 선택에 편승하고 있지는 않은가?'라고 자문하라.

다수의 결정이 최선의 선택이라는 보장은 없다. 안심과 주관 사이에서 균형점을 찾을 때 당신은 성공을 거머쥘 것이다.

스노브 효과

'특별한 소수'라는
환상을 팔아라

누구나 쉽게 구할 수 있는 상품은 가치를 인정받기 어렵다. 반면 아무나 살 수 없다는 사실을 알게 되는 순간, 그것을 갈구하게 된다. 이 역설적인 심리가 바로 '스노브 효과Snob Effect'다. 대중화된 것의 가치는 하락하고, 손에 넣기 어려운 것일수록 가치가 커진다.

소위 명품이 그 전형적인 예다. 고가의 핸드백이나 한정판 운동화가 선착순 한정 판매, 추첨 판매 같은 방식을 고수하는 이유는 그래야 사람들이 열광하기 때문이다. 편의점 매대에서 아무 때나 집어 올 수 있다면, 매력은 순식간에 증발한다. 이처럼 인간의 본능은 아무나 가질 수 없는 것을 탐한다.

스노브 효과는 마케팅 전략으로 널리 활용된다. 대표적인 사례가 회원제 서비스다. 제한된 인원만 이용할 수 있다는 사실만으로도 특별함이 부여돼 가입하고 싶은 욕망을 자극한다. 이벤트 조건을 선착순 100명으로 한정하면 기회를 잃을지 두려워하는 심리가 발동한다. 의도적으로 관문을 좁혀 열기를 높이는 전략이다.

이쯤에서 '희소성의 법칙'을 떠올려보자. 희소성이 수량의 부족이라는 물리적 결핍에 근거한다면, 스노브 효과는 남과 다르고 싶다는 차별화 욕구에서 출발한다. 특별한 소수가 되고 싶어 하는 심리는 같지만, 전자는 공급량 자체에 가치를 두는 반면, 후자는 가진 자와 가지지 못한 자의 경계선에서 가치를 찾아낸다는 점이 결정적으로 다르다.

따라서 스노브 효과를 극대화하려면 단순히 수량을 줄이는 것만으로는 부족하다. '누구에게 소유를 허락할 것인가'라는 경계선을 설정하는 것이 핵심이다. 회원 자격, 우대 조건을 설정하고 초대 제도 등을 통해 보이지 않는 벽을 세우면 욕망을 부추길 수 있다.

단순 노출 효과

얼굴도장만 잘 찍어도 호감을 얻을 수 있다

출퇴근길 아침저녁으로 마주치는 광고 포스터. 매번 무심코 지나치지만, 어느 순간 광고 카피를 중얼거리는 자신을 발견한다. 거래처 담당자도 마찬가지다. 첫 만남이 인상적이지 않아도, 여러 번 만나다 보면 어느새 친밀감이 느껴진다. 이처럼 노출이 반복될수록 대상에 대한 호감도가 높아지는 현상을 '단순 노출 효과 Mere-Exposure Effect'라고 부른다.

미국의 심리학자 로버트 자이언스 Robert Zajonc는 물건이나 사람의 사진을 보여주는 횟수를 늘려가며 호감도를 측정하는 실험을 했다. 그 결과, 노출 횟수에 비례해 호감도가 상승하는 것이 확인되었다. 주목할 점은 내용이나 사진의 질과는 상관없이, 오직 노출 횟수만이 호감도 상승에 영향을 미쳤다는 사실이다. 이렇듯 인간의 본능은 새로움보다 익숙함에 친밀감을 느낀다.

비즈니스에서도 이 효과는 널리 활용된다. 똑같은 광고를 반복 송출하는 이유는 노출 빈도가 상품에 대한 호감으로 이어지기 때문이다. 영업 현장에서도 꾸준히 연락하고 찾아가는 사람의 계약 성공률이 더 높게 나타난다. 화려한 언변으로 구슬리기보다 친숙한 사람이 되는 편이 더 큰 효과를 발휘하는 셈이다. 신뢰와 호의는 단번에 쌓이지 않는다. 꾸준히 얼굴도장을 찍는 것이 중요하다. 조직 내 구성원 사이에서도 접점이 많을 때 협조를 얻어내기 쉽다. 친숙함은 마음의 자물쇠를 여는 황금 열쇠다.

단, 이 또한 과유불급이다. 광고 노출이 지나치면 짜증을 유발하듯, 집요한 연락과 방문은 불쾌감을 준다. 중요한 것은 빈도와 질의 균형이다. 적절한 간격을 두고 반복적으로 노출될 때 비로소 이 효과는 긍정적인 방향으로 작용한다.

단순 노출 효과는 반복에 의해 호감이 쌓인다는 단순하지만 강력한 힌트를 던져준다. 자주 보면 정든다는 옛말은 틀리지 않았다. 상대의 마음에 스며들어 호감을 키우는 노력이 성패를 좌우한다.

수고가
가치를 왜곡한다

스스로 조립한 가구는 조금 삐걱거려도 묘하게 애착이 간다. 전문가 솜씨에 비할 바는 아니지만 내 손으로 직접 만들었다는 사실만으로 만족감은 극대화된다. 이처럼 완성도보다 투입된 노력과 관여도가 가치를 끌어올리는 심리를 '이케아 효과IKEA Effect'라고 한다.

이 개념은 하버드경영대학원의 마이클 노튼Michael Norton, 행동경제학자 댄 애리얼리Dan Ariely, 대니얼 모촌Daniel Mochon이 2011년 발표한 연구에서 체계적으로 검증되었다. 연구진은 참가자들에게 이케아 상자 조립, 레고 조립, 종이접기 등의 과제를 수행하게 한 뒤 해당 결과물의 가치를 평가하도록 했다. 그 결과, 참가자들은 완성도가 낮더라도 '자신이 만든' 결과물에 더 높은 금전적 가치를 매겼다. 타인의 눈에는 보잘것없어도, 본인에게는 수고를 들인 만큼의 가치가 더해지는 것이다.

이 효과는 실무로 직결된다. 직원을 교육할 때는 정답을 알려주기보다 스스로 생각하도록 유도하는 방식이 더 효과적이다. 상품을 기획할 때도 개인화 기능이나 커스터마이징 요소를 가미하면 직접 관여했다는 느낌을 주어 만족도가 높아진다. 서비스를 판매할 때도 상대에게 일부 결정권을 넘기면 주도적인 선택을 하고 있다고 느껴 제안을 기꺼이 받아들인다.

앞서 이미 투입한 비용이 아까워서 발을 빼지 못하는 '매몰 비용 효과'를 살펴봤다. 이케아 효과 또한 노력을 들인 대상을 높이 평가한다는 점에서 닮았지만, 작용하는 방향이 다르다. 매몰 비용 효과는 판단의 유연성을 빼앗아 합리적인 후퇴를 방해하지만, 이케아 효과는 애착과 만족감을 높이는 긍정적 결과를 낳는다.

다만, 과정이 지나치게 수고로우면 오히려 불만이 생길 수 있다. 따라서 관여의 적정량을 가늠하는 것이 중요하다. 참여를 통해 높은 완성도만으로는 채워지지 않는 만족감을 높이되, 참여가 고역으로 느껴지지 않는 최적값을 찾아내는 것이 승부의 분수령이 될 것이다.

폰 레스토프 효과

위화감으로
존재감을 각인시켜라

무채색 정장 차림의 참석자로 가득한 회의실, 한 사람만 빨간 재킷을 걸치고 있다면? 논의 내용보다 그 사람의 모습이 더 선명하게 기억에 남을 것이다. 무리 가운데 이질적인 존재는 쉽게 눈에 띄고 강한 인상을 남긴다. 이처럼 인간은 다른 것에 주목하는 경향이 있는데, 이를 '폰 레스토프 효과Von Restorff Effect' 또는 '고립 효과'라고 한다.

비즈니스에서 이 효과는 차별화의 무기가 된다. 프레젠테이션 자료를 예로 들어보자. 대다수 발표자가 파란색과 흰색을 사용할 때, 과감하게 검은색과 붉은색으로 꾸며진 슬라이드를 내밀어보라. 색깔이 튀는 만큼, 기억에 남을 확률은 높아진다. 신제품 네이밍도 마찬가지다. 업계의 상식을 벗어난 용어를 사용하면 '인지적 훅'을 만들어낼 수 있다.

이는 퍼스널 브랜딩에도 응용할 수 있다. 타인의 의견을 추종하면 무리 중 하나로 묻히고 만다. 리스크를 감수하더라도 독창적인 관점을 제시하는 것이 중요하다. 존재감 없이 잊힐 바에야, 이질성을 드러내는 전략이 낫다.

단, 다름과 돌출은 구별해야 한다. 상황에 맞지 않는 언행은 눈살을 찌푸리게 할 뿐이다. 폰 레스토프 효과를 무기로 삼고 싶다면 분위기와 맥락을 파악한 상태에서 약간의 비틀기를 시도해야 한다. 색상을 부분적으로 바꾸거나, 목소리 톤을 조금 낮추거나, 중요한 대목에서만 반전 화법을 사용하는 식이다. 이 적절한 위화감이 당신을 각인시킨다.

인간은 동질성의 바다를 표류하면서도 본능적으로 예외를 감지한다. 자신과 상품을 돋보이게 하고 싶다면 상식을 살짝 깨뜨려보라. 다름을 도구로 삼아 기억을 장악해야 성공할 수 있다.

꼭 힘으로 밀어붙이지 않더라도 흐름을 만들면 인간의 마음을 장악할 수 있다.

인간의 심리가 흘러가는 물살을 읽을 수 있다면

원하는 방향으로 설득하고 지배하는 것은 어렵지 않다.

다만 그 기술은 유용한 도구가 될 수도, 나를 해칠 흉기가 될 수도 있다.

상대를 조종할수록 자신 또한 조종당하기 마련이다.

Part 2

타인을
은밀하게 조종하는 기술

바넘 효과

누구에게나 맞는 말로
신뢰를 훔쳐라

"당신은 꼼꼼한 성격이지만, 때로는 대담하게 행동하기도 하는군요."

이런 말을 듣고 나도 모르게 고개를 끄덕인 경험이 있지 않은가? 누구에게나 해당할 법한 말이지만, 왠지 나를 두고 하는 말처럼 느껴진다. 인간은 이해받고 싶은 욕구에 취약해서 공감을 가장한 말에 쉽게 마음을 열어버린다.

조직에서도 이런 착각은 수시로 일어난다. 상급자가 "자네는 노력파지만, 가끔 신중함이 지나칠 때가 있어"라고 말하면, 하급자는 '나를 꿰뚫어 보고 있다'라며 감복한다. 이처럼 긍정과 부정을 적절히 섞은 추상적인 말일수록 마음을 더 깊이 파고든다.

이것이 바로 '바넘 효과Barnum Effect'다. 누구에게나 들어맞는 보편적인 말을 두고 오직 자신에게만 해당한다고 믿어버리는 현상이다. 이해받고 싶은 마음이 앞선 나머지 일반론을 자신에게 끼워 맞추는 것이다.

이 효과는 상대를 격려할 때 빛을 발한다. "평소에는 차분하지만, 결정적인 순간에 행동할 줄 안다"라는 상급자의 말은 하급자의 자기효능감을 높인다.

하지만 남용하면 신뢰를 잃을 수 있다. "당신은 협조적이면서도 독립심이 강하군요"라는 식의 두루뭉술한 칭찬을 만나는 사람마다 되풀이했다는 사실이 알려지면 인심을 잃고 말 것이다.

바넘 효과는 상대를 내 편으로 만드는 교묘한 기술이다. 그러나 입장이 바뀌어 당신이 바넘 효과의 대상이 되면, 당신도 상대가 자신을 정확히 보고 있다는 착각에 빠질 위험이 크다. 누군가 당신을 완벽히 이해하는 듯한 말을 던진다면, 그것이 정말 당신 자신만을 향한 진실인지, 아니면 정교하게 설계된 유인책인지 냉정하게 따져봐야 한다. 바넘 효과의 실체를 아는 사람만이 교묘한 말에 휘둘리지 않고 본질을 직시할 수 있다.

017

플라세보 효과

강한 신념은
뇌를 해킹한다

"이 진통제는 효과가 뛰어납니다"라는 말을 듣고 복용한 알약이 사실은 평범한 영양제였다. 그런데도 실제로 통증이 가라앉는 경우가 적지 않다. 의료 현장에서 수없이 확인된 이 현상은, 기대와 믿음이 체감마저 바꿀 수 있다는 사실을 보여준다. 이처럼 인간은 착각에 쉽게 지배당한다.

조직에서도 같은 현상이 일어난다. 상급자가 "이 제안은 반드시 통한다"라고 단언하면, 하급자는 자신 있게 협상에 임한다. 제안 자료가 특별하지 않아도 자신감 넘치는 목소리와 태도로 고객을 사로잡는다. 반대로, '이 기획안은 실패할 것'이라고 믿으면 성의를 다하기 어렵고 좋은 결과가 나올 리도 만무하다. 믿음은 행동을 제한하고, 그 믿음에 부합하는 현실을 불러들인다.

심리학에서는 이를 '플라세보 효과Placebo Effect'라고 부른다. 본래의 효능과는 무관한 가짜 약이 긍정적인 믿음만으로 진짜 약과 같은 효과를 내는 현상이다. 신념이 행동을 이끌고, 그 행동이 결과를 만드는 것이 이 효과의 본질이다.

조직에서는 이 효과를 신념을 강화하는 지지대로 활용할 수 있다. 구성원들이 새로운 시스템에 불안을 느낄 때 리더가 조금씩이라도 성과를 내는 모습을 보이면, 시스템에 대한 믿음이 쌓여 실제로 실적이 향상된다.

그러나 근거 없는 단언은 실패를 부른다. 조악한 제품을 완벽한 성능을 자랑한다고 광고하며 팔았다가 결함이 드러나면 신뢰는 무너진다. 플라세보 효과는 마법이 아니다. 진짜 실력이 뒷받침될 때 비로소 그 효과가 증폭된다.

상대를 조종하고 싶은 사람에게 플라세보 효과는 유용한 도구가 된다. 말 한마디로 상대에게 신념을 주입해 행동을 바꿔놓을 수 있다. 뒤집어 말하면, 이 효과의 대상이 되면 오판의 함정에 빠질 수 있다는 뜻이다. "다수가 지지한다", "전문가가 권장한다"라는 말에 흔들린다면, 한 걸음 물러나 생각하는 냉정함이 필요하다. 진실과 착각의 경계를 꿰뚫어 보는 사람만이 상황을 지배할 수 있다.

018

칼리굴라 효과

자유를 빼앗아
욕망을 끌어올려라

1979년 미국에서 제작된 영화 〈칼리굴라Caligula〉는 개봉 직후 지나치게 선정적이라는 이유로 상영 금지 처분을 받았다. 그러나 아이러니하게도, 이를 계기로 관객의 관심은 오히려 폭발했다. 내버려뒀더라면 조용히 묻혔을 작품이 금지라는 낙인이 찍히는 순간 전설이 된 것이다.

보지 말라면 더 보고 싶고, 하지 말라면 더 하고 싶어지는 것이 인간의 본성이다. 자유를 빼앗겼다고 느끼면, 그 자유를 되찾으려는 반발심이 행동으로 이어진다.

조직에서도 이 심리는 여실히 드러난다. 정보를 절대 외부로 발설하지 말라고 입단속하면, 정보를 감추는 이유에 대한 온갖 추측이 쏟아진다. 일부 고객에게만 상품을 한정 판매한다는 제한을 걸면 소비자의 구매 욕구가 상승한다.

이것이 바로 '칼리굴라 효과Caligula Effect'다. 금지와 제한으로 억압당한 자유의지를 지키려는 심리적 반발이 오히려 더 격렬한 행동을 유발하는 현상이다.

생활 속에서 이 효과를 활용한 마케팅 기법을 자주 볼 수 있다. '회원 한정', '비공개 모집'이라는 광고 문구를 내걸면 소수만 누릴 수 있다는 점에 가치가 부여되고, 그 결과 가입자 수가 급증한다. 금기를 교묘히 이용해 욕망을 자극하는 것이다.

그러나 과도한 통제는 역효과를 부른다. 절대 밖으로 새어 나가면 안 된다고 단속하면 할수록, 오히려 소문은 걷잡을 수 없이 퍼져 나간다. 인간은 억누를수록 고개를 쳐들고 통제를 거부하려 들기 때문이다.

칼리굴라 효과는 금기를 무기로 삼는 전략이다. 당하는 입장에서는 자기도 모르게 욕망을 조종당할 위험이 있다. 무언가를 간절히 하고 싶다는 생각이 든다면, 그것이 자신의 본심인지 아니면 타인에 의해 유도된 욕구인지 냉정하게 판별하는 안목이 필요하다.

019

서브리미널 효과

상대의 무의식에
씨앗을 심어라

자료를 훑어보던 중 반복해 등장하는 특정 키워드가 기억에 남아 나도 모르게 그 단어를 사용한 경험이 있지 않은가? 본인은 전혀 의식하지 못할 만큼 미미한 자극이지만, 마음속에 뚜렷한 흔적을 남긴다.

이것이 바로 '서브리미널 효과Subliminal Effect'라고 불리는 심리 현상이다. 인간은 인지하기조차 어려운 미세한 자극에도 반응하며, 자극에 의해 태도나 선택을 바꾸기도 한다. 무의식적으로 받아들인 정보가 조용히 의사 결정을 조종하는 셈이다. 영상 중간에 스치듯 광고를 끼워 넣거나, 문장 속에 특정 단어를 반복 배치하는 기법 등이 모두 이 효과를 응용한 것이다.

조직에서도 이 원리는 강력하게 작동한다. 회의 자료에서 '안심', '신뢰'와 같은 단어를 반복적으로 접하면 제안에 대해 긍정적인 인상을 품게 된다. 반대로, '리스크', '우려'를 강조하면 분위기는 단숨에 신중론으로 기운다. 스스로 사고하고 판단한다고 생각하지만, 사실은 무의식에 유도당하고 있다.

이 효과를 활용해 원만한 합의를 끌어낼 수 있다. 자료의 소제목마다 '성장', '진화', '미래' 같은 긍정적인 단어를 배치하면 전향적인 분위기 속에서 논의가 순조롭게 진행될 가능성이 크다.

주의할 점도 있다. 광고에서 동일한 문구를 지나치게 반복하면 강요하는 느낌을 줄 수 있다. 회의 자료에서도 특정 단어를 노골적으로 강조하면 조종하려 든다는 의구심을 살 수 있다. 무의식에 작용하는 기술은 속셈이 드러나는 순간 역효과를 부른다는 사실을 명심하라.

서브리미널 효과는 상대의 레이더에 걸리지 않고 행동을 변화시키는 강력한 무기다. 만약 당신이 그 덫에 걸리면 자기도 모르게 그릇된 선택을 할 위험이 있다. '나는 왜 이 선택을 하는가?'라고 수시로 자문하며 냉정함을 유지해야 판단의 자유를 지켜낼 수 있다.

020

베블런 효과

높은 가격으로
특별함을 부여하라

비싼 만큼 좋을 것이라는 생각에 지갑을 열었던 경험이 한 번쯤 있을 것이다. 품질보다 가격이 구매욕을 자극하는 현상은 드물지 않다. 이는 낭비벽이 아니라, 인간 심리에 깊이 뿌리박힌 습성이다.

조직에서도 이와 동일한 현상을 목격할 수 있다. 고액의 컨설팅 계약이나 일류 호텔에서 회의 개최 등 정말로 필요한지 의문이 드는 대규모 지출이 선뜻 승인되는 경우를 예로 들 수 있다. 여기에는 가격과 가치는 비례한다는 전제가 깔려 있다.

이 심리를 설명하는 것이 바로 '베블런 효과Veblen Effect'다. 높은 가격이 욕망을 자극하고, 구매자에게 지위와 특별함을 부여하는 현상이다. 이런 이유로 인간은 비쌀수록 좋다는 착각에 빠지고 만다.

고급 브랜드의 마케팅 전략이 대표적인 예다. 명품 시계나 핸드백이 실용품의 기능을 넘어 지위의 상징으로 통하는 것은, 가격이 그러한 인식을 정당화하기 때문이다. 영업 현장에서도 일반 플랜보다 가격이 높은 프리미엄 플랜이라는 점을 어필했을 때 오히려 가치를 인정하고 계약을 결심하는 고객이 적지 않다.

그렇다고 해서 높은 가격이 항상 통하는 것은 아니다. 가격에 걸맞은 실체가 없다고 느껴지는 순간, 실망은 배가 된다. 비싼 교육비를 내고 받은 직무 관련 교육이 실무에 도움이 되지 않으면 교육생들의 사기는 크게 꺾이고 만다. 가격이 기대를 높이는 만큼, 실망을 안겼을 때의 대가도 큰 법이다.

흥미로운 점은, 이 효과를 활용하는 쪽이 "비싸니까 매력적이다"라고 암시하는 동안, 상대 역시 "가치 있는 투자였다"라며 선택을 스스로 정당화한다는 사실이다. 인간은 조종당하면서도 판을 깨지 않으려 애쓴다.

인간으로 태어난 이상 비쌀수록 갖고 싶어지는 욕망은 피할 수 없다. 문제는 '그 심리를 이용할 것인가, 이용당할 것인가'다.

021

사소한 질문으로
고삐를 매라

"죄송하지만, 잠시 시간 좀 괜찮으실까요?"

길거리에서 누군가 이렇게 말을 걸어오면, 대다수 사람은 반사적으로 걸음을 멈춘다. 설령 거절할 생각이었다 해도, 몇 마디 주고받고 나면 더는 등을 돌리기 어렵다.

이 효과의 본질은 간단한 질문에 답하게 한 뒤 본론을 통과시키는 것에 있다. 설문 조사원이 "나들이 나오셨어요?"라고 미소 지으며 다가오는 것이나 모금 활동가가 "오늘 날씨가 참 따뜻하죠?"라며 말을 거는 것 역시 승낙을 끌어내기 위한 밑 작업이다. 가벼운 잡담 같지만, 사실은 거절을 봉쇄하는 덫이다. '잠깐이면 되겠지'라는 생각으로 요청에 응하는 순간, 당신은 이미 상대의 페이스에 휘말린 것이다.

이 효과를 잘 활용하면 영업 현장에서 강력한 무기를 얻을 수 있다. "바쁘신 와중에 정말 죄송합니다만, 딱 1분만 괜찮으실까요?"라고 물었을 때, 상대가 "네"라고 답하는 순간 퇴로는 차단된다. '1분쯤이야'라고 방심한 그 틈을 파고들어 본론을 꺼내면 성공률을 크게 높일 수 있다.

단, 이는 간파당하기 쉬운 기술인 만큼 주의도 필요하다. 이익을 취하려는 밑 작업이라는 사실을 들키는 순간, 상대의 마음은 차갑게 식어버린다. '또 같은 수법인가?'라는 의심이 들면 인사조차 거절당할 것이다.

이 효과 역시 자신의 자유의지에 따라 행동했다는 착각을 일으킨다. 간단한 질문에 응답한 자신의 행동에 일관성을 유지하려다, 결국 스스로 고삐를 매고 마는 것이다.

"잠깐이면 됩니다", "1분이면 끝납니다"라는 말 뒤에 숨겨진 의도를 읽어낼 수 있는가? 당신의 끄덕임이 상대의 발판이 되고 있지는 않은가? 그 찰나의 경계심이야말로 조종당하지 않기 위한 최선의 방어다.

022

라벨링 효과

나쁜 사람이라는 꼬리표가 나쁜 사람을 만든다

"정말 책임감이 강하군요"라는 말을 들으면, 앞으로도 책임감 있게 행동해야겠다고 다짐하게 된다. 반대로 "요령이 부족하군요"라는 말을 반복해서 들으면 그 틀에 갇혀 무기력하게 행동하고 만다. 이는 단순한 착각이 아니라 거스르기 힘든 본성이다.

조직에서는 이런 꼬리표 붙이기가 횡행한다. "신입인데 참 침착하네", "리더다운 모습이야", "꼼꼼한 타입이군" 등, 무심코 던진 한마디가 은연중에 상대의 행동을 구속한다. 하지만, 정작 본인은 남의 말에 장단을 맞추고 있다고는 상상조차 하지 못한다.

이것이 바로 '라벨링 효과Labeling Effect'다. 인간은 타인이 부여한 속성에 맞춰 자신을 해석하고, 그 기대에 부응하기 위해 행동을 조정한다. 긍정적인 라벨은 자존감을 높이지만, 부정적인 라벨은 자아를 속박하는 사슬이 된다.

하급자에게 "자네는 중재를 잘하는 재능이 있군"이라고 말하면, 하급자는 중재자의 역할을 다하기 위해 노력하며 그에 걸맞은 위치를 정립한다. 영업 현장에서도 "귀사는 선진 기업이시니……"라고 치켜세우면, 상대는 높은 평가에 부합하고자 전향적인 태도로 협상에 임하게 된다.

라벨링이 독이 되는 경우는 이렇다. 교사가 학생에게 '침착하지 못하다'라고 낙인찍으면, 학생은 그 틀을 벗어나지 못하고 개선의 의지마저 잃는다. 회사에서도 '실수가 잦다'라는 꼬리표가 붙으면 당사자는 심리적으로 위축돼 다시 실수를 저지르고, 주변에서도 편견 어린 시선으로 바라보는 악순환에 빠진다.

이 효과가 무서운 점은, 꼬리표가 붙은 사람이 자신의 의지대로 행동하고 있다고 굳게 믿는다는 사실이다. 타인의 평가에 의해 방향이 틀어졌음에도 자신이 선택한 길이라고 착각하는 것이다. "당신은 이런 사람이다"라는 단정이 한 사람의 미래를 결정짓기도 한다. 타인이 붙인 꼬리표에 휘둘리지 않는 방법을 터득해야 이 잔인한 심리전에서 살아남을 수 있다.

023

라포

신뢰는 상대를 옭아매는 가장 달콤한 덫이다

"자네라면 반드시 해낼 거라고 믿네!"

"이 프로젝트의 적임자는 자네야!"

이런 말을 듣는 순간, 묘한 책임감에 휩싸인다. 굳건한 신뢰를 받으면, 그 기대에 부응하고자 하는 마음에 몸이 먼저 움직인다. 조직에는 시키지 않아도 알아서 하는 사람과 시키는 일만 겨우 해내는 사람이 있다. 이 둘의 차이는 성격이 아니라, 형성된 신뢰의 깊이다.

심리학에서는 신뢰를 바탕으로 형성된 유대 관계가 소통과 협력을 극대화하는 현상을 '라포Rapport'라고 부른다. 신뢰가 깊어질수록 상대의 말을 거부감 없이 받아들인다. 설득이나 명령보다 신뢰에 기반한 한마디가 훨씬 강력한 영향력을 발휘하는 것이다.

영업 현장에서도 공통 화제로 마음을 열고 나를 이해해주는 사람이라는 인상을 준 뒤 본론으로 들어가면 일이 한결 수월하게 흘러간다. 관리자도 이 효과를 활용할 수 있다. 실무자에게 "평소 얼마나 노력하는지 잘 알고 있다"라는 말을 건네면 이후의 조언은 잔소리가 아니라 후배의 성장을 바라는 진심으로 받아들여진다.

반면, 믿음을 버리고 상대를 이용하면 격한 반발을 부른다. '좋은 선배인 줄 알았는데, 이용당했다'라고 느끼는 순간 신뢰는 적의로 돌변한다. 한번 깨진 관계는 다시는 돌이킬 수 없다.

이 효과가 무서운 점은, '풋 인 더 마우스 효과'나 '라벨링 효과'와 마찬가지로, 본인은 자신의 의지로 행동하고 있다고 굳게 믿는다는 사실이다. 신뢰는 사람을 자발적으로 움직이게 하는 가장 달콤한 유인책이다. 당신은 상대를 성장시키고 싶은가, 아니면 옭아매고 싶은가? 어두운 본성은 언제나 당신의 귓가에 속삭이지만 결정권은 당신에게 있다.

024

연대감 원칙

'우리'라는 이름에 착취마저 감수한다

"우리 회사를 지키자!"라는 말을 들으면, 아무리 냉정한 사람도 가슴 깊은 곳에서 뜨거운 무언가가 올라온다. 개인에게 내려지는 명령에는 때로 반발심이 일지만, '우리'라는 말로 묶이는 순간 너와 나의 구별은 의미가 없어진다.

조직에서도 이 현상은 막강한 힘을 발휘한다. "우리의 성과가 시장을 좌우한다"라는 말을 들으면, 해당 업무와 직접 관련이 없는 직원조차 사명감을 느낀다. '나'보다 '우리'일 때 인간은 훨씬 적극적으로 움직인다. 단체 프로젝트에서도 우리를 강조하는 것만으로 감정이 동기화되고 열기가 오른다.

이처럼 일체감과 동일성을 내세워 메시지의 수용도를 높이는 현상을 '연대감 원칙Unity Principle'이라고 한다. "우리는 파트너로서 함께 성장할 수 있습니다!"라고 설득하면 영업 상대의 경계심을 허물어 한 배에 태울 수 있다. "우리의 미래를 바꾸자!"라는 슬로건을 내걸면 무관심했던 구성원의 주의를 끌 수 있다. 상대는 자신의 의지로 움직였다고 믿겠지만, 실제로는 우리라는 말에 자기도 모르게 이끌린 것이다.

단, 상대가 배신감을 느끼게 되면 엄청난 반동이 있을 수 있으므로 주의가 필요하다. "회사를 위해 출근해달라"라는 말에 휴일을 반납했는데, 그것이 상급자 개인의 편의를 위한 것이었음을 알게 되면 일체감은 순식간에 적대심으로 바뀐다. 어제의 동료가 착취자의 얼굴을 드러내는 순간, 그 증오는 연대감을 압도해버린다.

연대감 원칙이 진짜 무서운 이유는 그것이 개인의 책임을 희석시키기 때문이다. 모두의 결정이라고 생각하면 죄책감도 부담도 가벼워진다. 인간은 우리라는 이름 아래 면죄부를 받고 때로는 가해자가, 때로는 피해자가 된다.

'우리'는 사람을 움직이는 주문인 동시에 책임감을 마비시키는 달콤한 독이기도 하다. 그것이 진정한 유대인지, 아니면 지배를 위한 포석인지 가려내는 안목을 지녀야 한다.

025

양자택일 효과

양자택일의 틀에
가둬라

"일반 플랜으로 하시겠습니까, 아니면 상위 플랜으로 하시겠습니까?"

서비스 약정을 앞두고 흔히 받는 질문이다. 이때 고객은 '계약할 것인가, 말 것인가'가 아니라 '어떤 플랜으로 계약할 것인가'를 고민하게 된다. 어느 쪽을 고르든, 이미 계약 체결이라는 전제가 깔려 있다.

"오늘 점심은 백반 먹으러 갈까, 아니면 돈가스 먹으러 갈까?"라는 질문을 받으면 다른 선택지는 머릿속에서 사라진다. 무엇을 먹을지 고민하는 시점에 이미 상대가 짜놓은 틀에 갇히고 마는 것이다.

이것이 바로 '양자택일 효과Decoy Effect'다. 마치 자신의 의지로 결정한 것처럼 보이지만, 실제로는 상대가 설정한 범위 안에서 움직일 뿐이다. 인간은 스스로 선택했다는 생각이 들면 만족하고, 그 사실을 의심하려 들지 않는다.

이 장치가 제대로 작동하면 합의나 계약은 자연스럽게 진행된다. "이번 달부터 시작하시겠습니까, 다음 달부터 시작하시겠습니까?"라고 물으면, 대다수는 '도입하지 않는다'라는 선택지는 간과하고 이미 정해진 결론을 따른다.

단, 다그치듯 몰아붙이면 의도를 간파당할 수 있다. 선택을 강요당하고 있다고 느끼는 순간, 상대는 '애초에 이 일을 할 필요가 있는가?'라는 근본적인 의구심을 품는다. 조바심은 불신을 초래하고 관계를 냉각시킬 뿐이다.

양자택일 효과는 자유를 연출해 결론을 조종하는 편리한 무기다. 하지만 당하는 쪽에게는 겉모습만 자유일 뿐 실상은 속박이라는 덫이다. 제시된 선택지를 무작정 받아들이기 전에, 다른 대안은 없는지, 선택하지 않을 권리는 없는지 자문하라. 그것이 방어의 시작이다. 자유를 위장한 속박을 간파하는 사람이 관계의 주도권을 쥘 것이다.

026

다수가 선택했다는 신호로
안심시켜라

줄이 길게 늘어선 가게와 텅 빈 가게 중 대부분의 사람은 고민 없이 줄이 긴 쪽을 택한다. 기다려서 먹을 정도면 분명 맛있을 것이라고 생각하기 때문이다. 직접 맛을 확인한 것도 아니면서, 타인의 선택을 근거로 안심한다.

조직에서도 같은 현상이 일어난다. 회의에서 다른 참석자들이 고개를 끄덕이기 시작하면 다른 의견이 있어도 일단 고개를 끄덕이게 된다. 인간은 집단과 같은 행동을 할 때 논리를 초월한 안도감을 느낀다.

이처럼 다수의 선택을 정답이라고 믿어버리는 심리 기제를 '사회적 증명Social Proof'이라고 한다. 다만, 이 현상은 반드시 다수가 아니어도 작용한다. 가까운 사람 몇 명이 하는 일도, 모두가 하고 있다는 착각을 일으킨다. 권위 있는 인물이나 신뢰하는 커뮤니티의 행동도 동일한 영향력을 발휘한다.

이 효과를 잘 활용하면 상대의 의사 결정을 자신에게 유리한 방향으로 유도할 수 있다. "이미 많은 기업이 도입했습니다", "사용자가 1만 명을 돌파했습니다"라는 한마디면 결정을 망설이게 하는 불안을 불식할 수 있다. 인간의 판단은 생각 이상으로 타인의 행동에 쉽게 좌우된다.

위험성도 존재한다. 다들 늦게까지 일한다는 이유로 잔업이 상시화된 조직에서는 누구도 선뜻 퇴근하지 못하는 분위기가 형성된다. 다수의 행동이 항상 옳은 것은 아님에도 불구하고, 따르지 않으면 도태될 것이라는 공포가 판단을 흐리게 만든다.

사회적 증명은 다수의 힘으로 사람을 움직이는 기술이다. 여기에 넘어가면 자기도 모르게 이성적인 판단을 내려놓게 된다. 다수의 선택과 정답은 별개다. 이 둘을 냉철하게 구별하는 관점이 필요하다. 안도감이라는 연막에 판단력이 흐려지는 위험을 알아채는 사람만이 자신의 의지를 지킬 수 있다.

027

선택 과부하

선택지를 늘려
사고를 마비시켜라

선택지가 많을수록 만족도가 높을 것이라 생각하기 쉽지만, 현실은 정반대다. 인간은 선택지가 늘어날수록 망설이며 결정을 회피한다. '무엇을 골라야 할지 모르겠다', '무엇을 선택해도 후회할 것 같다'라는 불안이 커지면서 행동을 미루고 마는 것이다.

이 현상을 여실히 보여준 유명한 실험이 있다. 마트에서 잼 시식 판매를 진행하며 24종류를 진열했을 때와 6종류만 진열했을 때의 구매율을 비교한 결과, 선택지가 적은 쪽의 구매율이 훨씬 높게 나타났다. 이렇듯 지나친 자유는 오히려 판단력을 무디게 만든다.

조직에서도 동일한 현상이 발생한다. 검토안이 10개, 20개로 늘어날수록 논의는 혼란에 빠지고, 더 좋은 대안이 있을지도 모른다는 미련이 결단력을 마비시킨다.

이처럼 선택지를 늘리는 행위가 결과적으로 아무것도 결정하지 못하는 상태로 몰아넣는 현상을 '선택 과부하Choice Overload'라고 한다.

이 효과를 역이용하면 제안을 더 쉽게 통과시킬 수 있다. 영업 현장에서 플랜 A, B, C 중 하나를 고르게 하는 3지선다형 방식이 효과적인 이유다. 범위를 좁히면 비교와 결정에 대한 부담이 줄어들기 때문이다. 적절한 숫자의 조율이야말로 결단을 촉구하는 최고의 무기다.

단, 선택지 설계를 잘못하면 역효과를 초래한다. 선택지가 하나뿐이면 강요처럼 느껴지고, 비슷한 안만 잔뜩 늘어놓으면 눈속임으로 느껴져 반감을 산다. 너무 많지도, 너무 적지도 않은 선택지를 준비하는 것이 철칙이다.

선택 과부하는 상대의 의사 결정 범위를 한정하는 효과적인 수단이다. 그러나 입장이 바뀌면 사고를 옥죄는 덫이 될 수 있다. 당신 앞에 선택지가 놓인다면, 그것을 의심하고 숨겨진 의도를 읽어내라. 그것만이 조종당하지 않기 위한 유일한 방어책이다.

028

디폴트 효과

기본값이
의사 결정을 지배한다

휴대폰의 알림음이나 글자 크기 등을 초기 설정 그대로 사용하는 사람이 의외로 많다. 딱히 불편하지 않으니 바꿀 필요를 느끼지 못한다. 사소한 번거로움조차 피하고 싶은 심리가 최초의 상태를 고정해버리는 것이다.

회의 참석 여부를 묻는 양식에 참석이 기본값으로 적혀 있으면, 많은 사람이 굳이 그것을 고치려 하지 않는다. 정기 구독 서비스의 자동 갱신이 기본 설정일 때도, 해지 절차를 번거롭게 여겨 계약을 유지하는 경우가 많다. 온라인에서 품질 보증 옵션이 포함된 물건을 살 때, 보증 기한 연장이 미리 선택되어 있는 경우에도 해지하지 않고 그대로 결제하는 사람이 더 많다.

이것이 바로 '디폴트 효과Default Effect'다. 처음 제시된 설정값을 바꾸지 않고 그대로 수용하는 현상을 가리킨다. 본인은 스스로 선택했다고 믿지만, 초기 설정이 의사 결정의 토대를 지배한다.

비즈니스에 이 효과를 활용하고 싶다면 목적에 맞춰 기본값을 미리 설정해두는 것이 효과적이다. 설문 조사를 진행할 때 '응답 저장'을 기본값으로 설정해두는 것만으로도 결과 취합 속도가 비약적으로 빨라진다. 프로그램 참가 여부를 물을 때도 참가를 기본값으로 입력해두면 참가율을 크게 높일 수 있다. 애써 권유하지 않아도 기본값이 등을 밀어주는 역할을 하는 것이다.

단, 의도가 너무 뻔히 보이면 역효과가 난다. 무료 체험 후 자동으로 유료로 전환되게 하거나 불필요한 옵션을 기본으로 넣어두는 행위는 기만당한 기분을 느끼게 한다. 단기적으로는 실적이 오를지 몰라도 결국 신뢰를 잃게 된다.

초기 설정을 단순히 편리함과 불편함의 관점으로 바라봐서는 안 된다. 사소한 수고마저 번거로워하는 안일함이 선택의 자유를 구속한다는 점을 잊지 말자. 주어진 대로 받아들일 것인가, 아니면 능동적으로 검토하고 주도권을 쥘 것인가? 순간의 판단이 당신의 의사 결정을 좌우한다.

029

공포 소구

공포로 몰아넣고 출구로 유도하라

"지금처럼 과로하면 쓰러질지도 모릅니다."

이런 무시무시한 경고를 받으면 당장 야근을 줄여야겠다고 결심하게 된다. 인간은 공포를 직면했을 때 이를 회피하는 행동을 취한다. 그 공포가 구체적이고 현실적일수록 효과는 더욱 강력해진다.

"이 제안을 채택하지 않으면 경쟁사에 시장을 빼앗길 것입니다"라는 말을 들으면 제안을 거절하기가 쉽지 않다. 단순한 수치보다 회복하기 어려운 위험성이 제시되는 순간 분위기는 일변한다.

이런 심리 현상을 '공포 소구Fear Apeal'라고 한다. 리스크의 중대성과 회피 방법을 동시에 제시하면 상대의 적극적인 행동을 유도할 수 있다. 공포심만 부추기면 불안에 잠식되지만, 탈출구를 함께 보여주면 앞으로 나아간다.

이 효과는 건강이나 안전에 대한 의식 수준을 높이고자 할 때 유용하다. "방치하면 생명이 위험하다"라고 설명해 경종을 울리는 동시에, "매일 10분간 운동하면 사망 위험을 줄일 수 있다"라고 구체적인 방법을 제시하면 생활 습관 개선을 유도할 수 있다. 영업 활동을 할 때도 "지금 도입하지 않으면 반년 후에 손실이 발생한다"라고 경고한 뒤, "지금 계약하면 지원금을 받을 수 있다"라는 조건을 함께 제시함으로써 결단을 촉구할 수 있다.

단, 해결책 없이 위험만 강조하면 역효과가 발생한다. "실적이 부진하면 부서가 사라질 수 있다"라는 협박은 구성원의 사기를 떨어뜨릴 뿐이다. 대책 없는 공포는 사람을 움직이지 못하게 하는 족쇄다.

흥미로운 점은 이 효과의 대상이 무서워서 따른 것이 아니라 자신의 판단으로 선택했다고 착각한다는 사실이다. 공포에 떠밀렸다는 사실을 자각하지 못한 채 자신의 의지라고 믿어버리는 것이다.

공포는 강력한 동기부여 수단이자 사고를 마비시키는 독이다. '나는 지금 공포심에 조종당하고 있지는 않은가?'라고 자문하는 습관이 유일한 방어책이다.

030

자이가르니크 효과

미완은
가장 은밀한 올가미다

익숙한 노래를 듣다가 중간에 끊겨도 머릿속에서는 다음 멜로디가 자동 재생된다. 미완의 상태를 견디지 못하고 완결하고자 하는 이 심리는 음악뿐만 아니라 일상의 모든 일에 작용한다.

도중에 그만둔 작업이 자꾸 신경 쓰이고, 발송 버튼을 누르지 못한 메일이 머릿속 한구석을 떠나지 않아 괴로웠던 경험이 있을 것이다. 인간은 완성한 일보다 중단된 일에 훨씬 강하게 집착한다. 이것이 바로 '자이가르니크 효과*Zeigarnic Effect*'다. 매듭짓지 못한 일은 이어가야 할 숙제로 무의식에 남는다.

이 효과를 영리하게 활용하면 사람의 마음을 쥐락펴락할 수 있다. 영업 현장에서 "더 자세한 내용은 다음 미팅 때 설명해드리겠습니다"라는 말로 대화를 마무리하면, 고객은 다음 만남을 간절히

기다리게 된다. 연수나 세미나에서도 "이 다음이 정말 중요한 내용인데, 그건 다음 시간에……"라고 마무리 지으면 참가자의 호기심을 자극해 다음 회차의 출석률을 높일 수 있다. TV 드라마가 매회 결정적인 순간에 '다음 회에 계속'이라는 자막을 내보내는 것도 이 심리를 이용한 전략이다.

이 효과는 타인을 움직이는 동시에, 자신을 옭아매기도 한다. 하급자가 맡은 프로젝트의 진행 상황이 궁금해 끊임없이 확인하는 상급자, 결론이 나지 않은 회의 때문에 안절부절못하는 사원. 이들 모두 끝나지 않은 일의 노예가 된 사람들이다. 완결되지 않은 과제는 조직의 분위기를 흐리고 쓸데없는 불안감을 조성한다.

자이가르니크 효과의 본질은 미완을 싫어하면서도 미완에 이끌리는 인간 심리의 모순에 있다. 상대에게 깊은 인상을 남기고 싶다면 의도적으로 여운을 남겨라.

단, 스스로 그 여운에 사로잡혀 자유를 빼앗기지 않도록 주의해야 한다. 머릿속을 떠나지 않는 멜로디처럼, 당신의 마음 또한 미완이라는 낚싯줄에 걸려 조종당하고 있지는 않은지 자각해야 한다.

031

콜드 리딩

이해받는 순간
경계는 무너진다

"당신은 성실한 타입이긴 한데, 자기 자신에게 너무 엄격한 면이 있군요."

역술인의 사주 풀이가 너무 정확해서 소름 돋았던 경험이 있지 않은가? 상대의 말이 신기하게도 자신에게 딱 들어맞는 듯해 나를 꿰뚫어 보고 있다고 믿게 되는 것이 '콜드 리딩Cold Reading'의 출발점이다.

이 기술의 본질은 누구에게나 해당할 법한 보편적인 내용을 마치 상대를 낱낱이 알고 있는 것처럼 전달하는 데 있다. "거절을 못해서 힘들 때가 많죠?", "사실은 여린 면을 숨기고 있네요"라는 말들은 많은 사람이 마음 한구석에 품고 있는 공통된 고민이다. 하지만 인간은 자신에게 해당하는 부분만 선택적으로 받아들이기 때문에, 결국 내 이야기라고 착각하게 된다.

비즈니스에서도 이 기술은 강력한 힘을 발휘한다. 영업이나 협상에서 "신중하게 검토하는 타입이군요", "기대를 한 몸에 받고 계셔서 어깨가 무거우시겠습니다"라는 말을 들으면, "나를 꿰뚫어 보고 있다"라며 공감하고 경계심을 늦춘다. 이처럼 콜드 리딩의 효과를 이해하면 상대의 신뢰와 동의를 끌어낼 수 있다.

기억해야 할 점은 이것이 양날의 검이라는 사실이다. 얄팍한 말로 마음을 얻으려다 의도를 간파당하면 신뢰를 잃을 뿐이다. 뻔한 수법이라는 인상을 주는 순간 마법은 풀리고 만다. 더 위험한 것은 이 효과를 활용하는 사람이 자신의 말을 스스로 믿기 시작하는 순간이다. 스스로 상대를 완벽하게 이해하고 있다는 착각에 빠지면 현실감각을 잃고 판단을 그르치게 된다.

이 효과가 무서운 건, 당하는 사람은 정말 그렇게 믿어버리기 때문이다. 조종당하고 있다는 사실을 인지하지 못한 채 상대의 말에 끼워 맞춘 자신의 이미지를 고착화한다.

"엄청난 노력파군요", "사실은 불안을 안고 있지 않나요?"라는 말을 듣고 고개를 끄덕이고 있는 자신을 발견했다면, 당신은 이미 상대에게 주도권을 빼앗긴 상태인지도 모른다.

032

일관성의 법칙

사소한 동의가
발목을 잡는다

"무료 테스트 한번 해보시겠어요?"라는 말에 고개를 끄덕이는 순간, 당신은 상대가 설계한 함정에 제 발로 걸어 들어간 것이나 다름없다. 사소한 "예스"가 종국에는 결단을 옥죄는 사슬로 변하기 때문이다. 인간은 자신의 언행에 일관성을 유지하려는 습성 때문에 과거의 선택에 얽매이고 만다.

이런 심리를 이용한 마케팅 수법은 무수히 많다. 무료 샘플을 받은 고객은 빚을 진 듯한 마음에 계획에 없던 소비를 결심한다. '딱 한 잔만 해야지'라는 마음으로 선술집을 찾은 손님은 선뜻 자리를 털고 일어서지 못한다.

이런 일관성의 법칙이 작동하는 장면은 조직에서도 흔히 볼 수 있다. "제가 해보겠습니다!"라고 호기롭게 프로젝트를 떠안고 나면, 도중에 감당하기 어려울 만큼 부담이 커져도 쉽게 내려놓지 못한다. "제게는 너무 버거운 일이었습니다"라고 말하는 순간 신용을 잃을 것이라는 두려움이 발목을 잡기 때문이다. 일을 시키는 사람도 마찬가지다. "전적으로 위임하겠다"라고 약속한 이상, 궤도 수정이 절실한 상황에서도 차마 말을 바꾸지 못하고 조직을 위태롭게 만든다.

비즈니스 현장에서의 단계적 접근 방식도 이 효과에 바탕을 두고 있다. 먼저 "설명만이라도 들어달라"라며 간단한 동의를 구한 다음, "이왕이면 자료도 읽어보라"라고 요청을 이어간다. 한번 동의한 이상 거절하기 어려워 들어주다 보면, 어느새 계약서에 서명하고 있는 자신을 발견하게 된다.

물론 역방향으로 작용할 때도 있다. "결정을 쉽게 바꿀 수는 없다"라며 자기 발언에 얽매여 철수 타이밍을 놓치거나, 도중에 그만두면 모양새가 빠진다며 적자 사업을 그만두지 못하는 경우를 예로 들 수 있다. 일관성을 지키려다 합리적인 판단력을 상실하고 마는 것이다.

일관성의 법칙이 무서운 이유는, 타인보다 자기 자신을 더 의식하다 함정에 빠진다는 점에 있다. 아무도 비난하지 않는데도 처음과 말이 다르다며 스스로 심판한다. 이런 이유로 인간은 잘못된 줄 알면서도 자신이 설정한 궤도를 벗어나지 못하는 우를 범한다.

인간은 생각보다 순간의 분위기에 쉽게 휩쓸린다.

호의, 동조, 인정.

그럴듯한 감정 몇 가지만 건드려도 마음은 금세 방향을 바꾼다.

그 본능을 제대로만 다룬다면

상대를 내 편으로 만들어 원하는 바를 얻어낼 수 있을 것이다.

Part 3

동료의 마음을
길들이는 방법

033

후광은
가장 세련된 조종 기술이다

걸보기에 왠지 일을 잘할 것처럼 보인다고 해서 실제로도 그렇다는 보장은 없다. 그러나 인간은 하나의 특징만으로 전체를 판단해버리는 습성이 있다. 이것이 '후광 효과 Halo Effect'라 불리는 심리 현상이다.

가령 첫인상이 깔끔한 사람은 꼼꼼하고 믿을 만한 사람일 것이라고 넘겨짚는다. 반면, '지각이 잦다'라는 꼬리표가 달린 사람은 성과를 내도 제대로 평가받지 못할 가능성이 크다. 겉모습이나 습관 같은 단편적인 정보가 전체를 덮어버리는 것이다.

조직에서도 이 효과는 강하게 작동한다. 아나운서 같은 말투와 목소리로 프레젠테이션을 선보이면, 내용에 다소 허점이 있어도 "역시 깔끔한 설명이었어!"라는 평가를 받는다. 하지만 자료에서

오타가 한 자라도 발견되면 꼼꼼하지 못하다는 인상을 줄 뿐만 아니라, 내용까지 의심받을 수 있다.

고객 응대 역시 마찬가지다. 소비자는 잘 알려진 브랜드나 기업에 대해 유명하니까 믿을 수 있다고 생각한다. 이 경우는 후광을 등에 업고 고객을 더 쉽게 설득할 수 있다.

이 심리는 인간관계를 구축하는 데 있어 강력한 무기로 작용한다. 좋은 첫인상을 심어두면, 그 잔상이 한동안 자신을 지켜주는 방패가 된다. 그래서 첫 프레젠테이션을 완벽하게 준비하고, 첫 대면에서 옷차림에 신경 쓰면 좋은 결과로 이어질 가능성이 커진다. 반대로, 좋지 않은 인상을 남기는 순간 신뢰를 잃고 도미노처럼 연쇄적으로 다른 일까지 무너지게 될 수 있다.

기억해야 할 포인트는 두 가지다. 첫째, 타인을 평가할 때는 "일부만 보고 전체를 단정 짓고 있지는 않은가?"라고 자문할 것. 둘째, 당신이 평가받는 입장이라면 첫인상이 전체를 지배한다는 사실을 대전제로 준비할 것. 최초의 일격을 어떻게 설계하느냐가 당신에 대한 신뢰의 무게를 결정한다.

034

첫인상이
기억을 지배한다

인간관계의 향방은 첫 만남의 순간에 결정된다. 한번 각인된 인상은 두고두고 영향을 미치며 쉽게 바뀌지 않기 때문이다. 심리학에서는 이를 '초두 효과Primacy Effect'라고 부른다.

동료와 처음 인사를 나누며 괜찮은 사람 같다고 느끼면 이후 사소한 실수쯤은 관대하게 넘어가게 된다. 반대로 첫 대면에서 어쩐지 차갑다는 인상을 받으면, 상대가 아무리 살갑게 굴어도 '앞에서만 저러는 거겠지'라는 의심을 거두기 어렵다. 이처럼 첫인상은 사람을 바라보는 인식의 필터로 작용한다.

회의에서도 이 효과는 여실히 드러난다. 발표 초반부터 자신감 있게 시작하면 내용이 다소 미흡해도 믿음이 간다는 평가를 받지만, 시작부터 목소리가 떨리거나 자료가 뒤죽박죽이면 후반부가 아무리 훌륭해도 준비가 부족했다는 혹평을 받기 쉽다.

영업 현장에서도 첫인상의 위력은 지대하다. 첫 방문에서 성실하게 응대한다는 인상을 심어주면 그 후의 사소한 실수쯤은 이해받기 쉽지만, 구매를 강요하는 듯한 인상을 주면 신뢰를 회복하기 쉽지 않다. 부정적인 인상을 바로잡는 데는 생각보다 많은 시간과 노력이 필요하다.

그러니 처음 마주하는 바로 그 찰나에 승부를 걸어야 한다. 깔끔하고 단정한 매무새, 밝고 정중한 인사, 신뢰감을 주는 목소리가 당신의 인상을 확정 짓는다. 첫인상에서 합격점을 받으면 모든 것이 순조롭게 흘러간다.

반대로 당신이 상대를 평가하는 입장이라면, 첫인상만으로 상대의 모든 것을 단정 짓고 있지는 않은지 스스로 경계해야 한다. 이처럼 초두 효과를 이해하면 인간관계의 출발점에서부터 우위에 설 수 있다.

035

마지막 한마디가
기억을 바꾼다

긴 회의가 끝난 뒤, 전체 논의 내용보다 누군가의 마지막 한마디가 더 선명하게 남을 때가 있다. 협상 자리에 정중하게 인사하며 들어왔어도 인상을 찌푸리며 나가면, 결국 그 마지막 표정이 더 강렬하게 기억된다. 이처럼 마지막 순간의 기억은 생각보다 긴 여운을 남긴다.

인간은 어떤 일을 돌아볼 때 처음과 마지막을 유독 강하게 기억하는 경향이 있다. 앞서 살펴본 초두 효과가 첫인상에 초점을 맞췄다면, '최신 효과Recency Effect'는 최후의 인상을 결정짓는다. 과정이 어떻든, 끝맺음을 어떻게 하느냐에 따라 전체 평가가 뒤집힐 수 있다는 뜻이다.

프레젠테이션을 예로 들어보자. 발표가 다소 매끄럽지 못했더라도, 차분하게 마무리를 잘하면 믿고 맡길 수 있는 사람이라는 인상을 남길 수 있다. 반면, 내용이 아무리 훌륭해도 마무리가 어설프면 어쩐지 미덥지 않은 사람이라는 느낌을 준다. 이처럼 마지막 순간의 임팩트가 전체 인상을 덮어버린다.

영업이나 고객 응대도 마찬가지다. 설명이 다소 매끄럽지 못했어도, "오늘 귀한 시간 내주셔서 대단히 감사합니다!"라고 정중하게 배웅하면 호감을 얻을 수 있다. 미소 띤 얼굴로 남기는 마지막 한마디가 상대의 기억을 재구성하는 것이다.

연애나 면접에서도 승부를 가르는 결정타는 마지막 순간에 터진다. 특별할 것 없는 데이트였어도, 헤어질 때의 따뜻한 한마디 때문에 자꾸만 상대의 얼굴이 떠오른다. 면접이 끝난 후 깍듯한 인사가 합격에 한 걸음 더 다가서게 만든다.

단, 호감을 사기 위한 억지 연출은 역효과를 부를 뿐이다. 의도적으로 꾸며낸 모습은 금세 들통나기 마련이다. 있는 그대로의 모습에 진심을 담는 것이 마지막 인상으로 상대의 마음을 사로잡는 비결이다.

초두 효과와 최신 효과는 한 쌍이다. 완벽한 첫인상과 마지막 인상을 남긴다면 함께하고 싶은 사람으로 기억될 것이다.

036

메라비언 법칙

말하지 않은 것이
진실에 가깝다

말로는 괜찮다고 해도 목소리에 힘이 없거나 표정이 어두우면 진심을 의심하게 된다. 이처럼 인간은 말의 내용보다 상대의 목소리나 표정에서 본심을 읽으려 한다. 심리학에서는 이를 '메라비언 법칙Merabian's Law'이라고 부른다.

연구에 따르면, 상대에게 받는 인상 중 언어가 차지하는 비중은 극히 일부분에 불과하다. 그보다는 목소리의 톤이나 표정 같은 비언어적 요소가 인상을 결정한다. 즉, '무엇을 말하느냐'보다 '어떻게 말하느냐'가 압도적으로 큰 영향력을 발휘하는 것이다.

조직에서도 이 현상이 두드러지게 나타난다. "흥미로운 기획안을 가져왔습니다"라고 말하면서 목소리가 기어들고 다른 사람과 눈을 마주치지 못한다면, 사실은 자신 없다는 뜻으로 전달된다. 반면, 짧은 한마디를 하더라도 당당한 태도와 자신감 있는 목소리로 말하면 설득력은 배가 된다. 인간은 논리를 파악하기 전에, 태도에 먼저 반응한다.

관리자와 실무자 관계도 마찬가지다. 엄한 말로 꾸짖어도, 목소리가 차분하면 하급자의 성장을 바라는 진심이 전해진다. 하지만 신경질적으로 내지르면, 아무리 옳은 소리를 해도 감정적인 사람이라는 인상만 남는다.

영업 현장에서는 그 차이가 더 여실히 드러난다. "맡겨주십시오!"라고 장담하면서 눈빛이 흔들리면, 상대는 무의식적으로 위험 신호를 감지한다. 반면, 여유 있는 표정과 일정한 호흡은 상대의 경계를 늦춘다.

이 심리를 활용하고자 한다면 어휘 선택에 집착할 필요는 없다. 차분한 톤, 느리지도 빠르지도 않은 속도, 흔들림 없는 시선이 메시지를 대신한다. 상대를 이해하고 싶다면 말의 내용보다 표정과 목소리의 미세한 변화를 읽어라. 말은 통제할 수 있어도, 몸이 보내는 신호는 완전히 숨길 수 없다. 말을 싣는 태도를 장악하는 사람이 관계의 주도권을 쥔다.

자기 제시

겉모습이
설득을 좌우한다

사람을 보자마자 '믿을 만한지, 아닌지' 얼추 판단이 설 때가 있다. 성격이나 습관은 전혀 알지 못하지만, 옷차림, 표정, 목소리처럼 겉으로 드러난 요소만으로 전체를 판단해버리는 것이다. 인간은 스스로 합리적으로 생각한다고 믿지만, 실제로는 직관적으로 입력되는 외형 정보에 지배된다.

이는 연구를 통해서도 입증되었다. 대화 내용보다 외모나 행동이 상대를 평가하는 데 더 큰 영향을 미친다는 것이다. 처음 만난 사람이 단정하고 깔끔하게 차려입고 있으면, 무의식적으로 '착실해 보인다', '믿고 맡겨도 되겠다'라는 생각이 자동으로 형성된다. 인간은 상대의 내면을 분석하기 전에, 외면을 근거로 이미 결론을 내려버린다.

이처럼 복장이나 태도, 말투를 의식적으로 가다듬어 자신에 대한 평가를 높이는 심리 기술을 '자기 제시Self-Pesentation'라고 한다. 인간은 본능적으로 정돈된 것에서 편안함을 느끼기 때문에, 반듯한 인상을 주는 것 자체가 신뢰의 토대가 된다. 거창한 노력을 쏟지 않아도 상대의 판단 프레임에 먼저 침투할 수 있다.

회의에서 한마디를 하더라도 말하는 방식에 따라 그 무게가 완전히 달라진다. 차분한 톤을 유지하는 것만으로도 설득력이 커지고, 잘 정리된 자료를 제시하는 것만으로도 믿을 만한 사람이라는 인상을 심어줄 수 있다. 이렇듯 겉모습과 말투에 조금만 신경 쓰면 실력 이상의 성과를 거머쥘 수 있다.

고객을 대할 때도 외형이 주는 인상의 영향을 무시할 수 없다. 품격 있는 차림새는 상품의 가치를 뒷받침하며, 청결한 복장과 매너는 계약에 대한 불안감을 낮춘다. 상품이나 서비스의 성능뿐만 아니라 그것을 설명하는 사람이 어떻게 보이느냐, 즉 '자기 제시'가 상대의 결단을 이끄는 근거가 된다는 점을 잊지 말자. 겉모습은 단순한 포장이 아니다. 판단을 선점하는 전략 자산이다.

038

조해리의 창

때로 문제를 밝힐 때 더 큰 신뢰를 얻는다

아주 조금 마음을 열었을 뿐인데 상대와의 거리가 부쩍 가까워질 때가 있다. "어제 잠을 좀 설쳐서"라는 사소한 한마디에 상대가 "저도요"라고 반응하는 순간, 분위기는 급격히 부드러워진다.

심리학에서는 마음을 여는 네 가지 방식을 정리한 개념이 있는데, 이를 '조해리의 창Johari's Window'이라고 부른다. '나도 알고 남도 아는 부분(열린 창)', '나만 알고 남은 모르는 부분(숨겨진 창)', '남은 알지만 나는 모르는 부분(보이지 않는 창)', '나도 모르고 남도 모르는 부분(미지의 창)'이 그것이다. 이 중 '열린 창'을 넓히면 신뢰가 형성된다.

비즈니스에서 이 원리는 한 단계 더 나아간다. 열린 창을 넓히는 행위는 상대의 방어를 허무는 심리적 장치다.

92

조직에서 "사실 프레젠테이션이 좀 서툴러서……"라고 털어놓는 순간, 상대의 마음속에는 비판 대신 보호 본능이 작동한다. "이 분야는 아직 배우는 중입니다"라는 말은 경쟁 구도를 협력 구도로 전환시킨다. 약점을 숨기기보다, 통제할 수 있는 범위 안에서 드러내는 편이 오히려 유리하다. 사람은 완벽한 상대보다 도울 수 있는 상대에게 더 쉽게 마음을 연다.

잡담 자리에서도 원리는 같다. 취미나 고향 이야기를 먼저 꺼내는 것은 정보 제공이 아니라 유사성의 신호를 던지는 행위다. 협상 자리에서 개인적인 이야기를 슬쩍 꺼내면, 상대 역시 방어선을 낮추고 더 많은 정보를 흘린다. 자기 개방은 단순한 감정 교류를 넘어, 정보 흐름을 설계하는 기술이다.

그렇다고 해서 너무 활짝 열어 보이는 것은 금물이다. 대뜸 심각한 고민이나 푸념을 쏟아내면 상대하기 피곤한 사람이라는 낙인이 찍힐 수 있다. 가벼운 소재로 시작해 서서히 화제를 넓혀가는 지혜가 필요하다.

조해리의 창은 내가 마음을 열면 상대도 마음을 여는 연쇄반응이 일어난다고 설명한다. 그러나 그 이면에는 더 냉정한 구조가 있다. 사람은 먼저 자신을 드러낸 쪽을 '위험하지 않은 존재'로 분류한다. 그 순간 경계는 느슨해진다. 베푸는 것도, 의지하는 것도 그 다음이다. 마음의 창을 살짝 열어 보이는 행위는 순수한 용기가 아니다. 상대의 울타리를 낮추기 위해 계산된 자극이다.

039

윈저 효과

타인의 입을 빌려
신뢰를 획득하라

"내가 이렇게 대단하다고!"라고 스스로 떠들어봐야 냉소를 부를 뿐이다. 하지만 누군가가 "저 사람은 진짜 믿을 만해"라고 말하는 순간 평판은 급상승한다. 이처럼 인간은 본인의 평가보다 제삼자의 의견을 더 신뢰하는데, 이를 '윈저 효과Windsor Effect'라고 부른다.

자기 입으로 하는 평가는 대개 자랑으로 들리는 탓에 경계심을 자극한다. 반면, 타인의 입을 거친 평가는 객관이라는 가면을 쓴다. "저는 협상을 잘합니다"라는 자화자찬보다 "부장님이 그러시는데, 김 대리가 지난번 협상에서 대응을 참 잘했다고 합니다"라는 전언이 훨씬 신빙성 있게 다가온다. '주변에서 하는 말을 들으니, 믿을 만하겠군'이라는 무의식적 확신이 판단을 지배하는 것이다. 인간은 메시지보다 출처를 먼저 신뢰한다.

회의에서도 마찬가지다. 자신의 의견을 관철하려 애쓰기보다는, "팀장님도 지지하고 있습니다"라는 한마디가 더 효과적이다. 보증이 붙는 순간 무한한 신뢰를 보내는 것이 인간이다.

영업 현장에서도 윈저 효과의 위력은 절대적이다. "저희는 우수한 솔루션을 제공합니다"라는 홍보 문구보다 "이 솔루션을 도입한 뒤 생산성이 크게 향상됐습니다"라는 사용 후기가 훨씬 설득력 있다. 리뷰와 입소문이 마케팅에서 중요한 위치를 차지하는 이유가 여기에 있다.

핵심은 타인의 입을 빌리는 데 있다. 직접 말하면 주장에 불과하지만, 제삼자를 통하는 순간 평판은 사실처럼 굳어진다. 인간은 타인의 평가에서 결코 자유로울 수 없다.

단, 꾸며낸 추천과 조작된 리뷰는 결국 들통나기 마련이며, 그 순간 모든 신뢰는 무너진다. 자연스럽게 좋은 평판이 흘러나오도록 꾸준히 성과를 쌓는 것이 중요하다. 그리고 기회가 찾아왔을 때 주저하지 말고, 자신에 대한 평판을 활용하라. 그 한 수가 당신이 얻을 신뢰의 크기를 결정한다.

040

미러링 효과

거울이 되면 마음이 열린다

반려견과 함께 사는 사람이라면, 녀석이 당신의 행동을 따라 한다는 사실을 눈치챘을 것이다. 내가 하품을 하면, 저도 입을 한껏 벌리고 숨을 들이마신다. 내가 고개를 갸웃거리면, 저도 고개를 삐딱하게 꺾은 채 이쪽을 바라본다. 개는 무리의 일체감을 확인하기 위해 상대의 움직임을 흉내 낸다. 거울에 비친 듯한 그 모습이 사랑스럽게 느껴지는 이유는 단순하다. 같은 편이라는 신호를 감지했기 때문이다.

인간 역시 크게 다르지 않다. 대화 도중 상대가 고개를 끄덕이면 나도 모르게 고개를 끄덕이게 되고, 상대가 웃으면 나도 따라 웃게 된다. 상대가 팔짱을 끼면 어느새 나 역시 팔짱을 끼고 있다. 이렇게 동작의 동기화가 일어나면 우리는 상대를 잘 통하는 사람으로 분류한다. 유사성은 이해의 증거처럼 느껴지고, 이해는 곧 신뢰로 이어진다. 심리학에서는 이를 '미러링 효과_{Mirroring Effect}'라고 부른다. 상대의 몸짓이나 말투를 흉내 내면 자연스럽게 친근감과 신뢰도를 높일 수 있다.

조직에서도 이 효과를 활용할 수 있다. 상대가 말을 느리게 한다면, 당신도 속도를 늦춰라. 상대가 고개를 끄덕이며 듣는 습관이 있다면, 당신도 같은 타이밍에 고개를 끄덕여라. 이런 사소한 미러링이 상대의 경계심을 허물고 심리적 거리를 단숨에 좁힌다.

영업 현장에서도 유용하다. 상대가 등받이에 몸을 기대앉으면 당신도 비슷한 자세를 취하고, 상대가 '비용 절감'이라는 단어를 반복하면 같은 표현을 사용하라. 몸짓과 언어를 거울처럼 반사하는 순간, 상대는 무의식적으로 '이 사람은 나와 통한다'라고 판단한다. 공감은 만들어내는 것이 아니라, 행동으로 체감하게 하는 것이다.

단, 노골적인 모방은 위험하다. 상대가 조롱당하고 있다고 느끼는 순간 모든 노력은 물거품이 된다. 적당히 보조를 맞추는 정도로 충분하다.

미러링 효과는 인간관계의 윤활유다. 무리해서 자기 자신을 바꿀 필요는 없다. 상대와 잠시 파동을 맞추면 된다. 그 작은 공명이 '잘 통하는 사람'이라는 확신을 낳으면, 모든 일이 일사천리로 흘러갈 것이다.

041

유사성의 법칙

학연, 지연, 혈연은
여전히 통한다

서로 모르는 사람들이 모인 자리. 어쩌다 고향이 같은 사람을 만나면 순식간에 긴장감이 누그러진다. "저도 그곳 출신입니다"라는 말 한마디에 대화는 급물살을 탄다. 아주 사소한 유사점만 있어도 인간은 친근감을 느낀다.

단지 비슷하다는 사실만으로 심리적 거리가 좁혀지는 것은, 그 유사성이 '자기긍정감'을 키우기 때문이다. 상대를 통해 자신을 긍정하게 되니, 자연스럽게 호감으로 이어진다. 심리학에서는 이 경향을 '유사성의 법칙Law of Similarity'이라고 부른다. 가치관, 취미, 경력, 말투 등 무엇 하나라도 겹치면 상대를 가깝게 느끼고 더 쉽게 신뢰한다. 공통점을 찾아내는 과정 그 자체가 인간관계의 든든한 발판이 되는 셈이다.

실전에서는 공통점을 '찾고, 보여주고, 확장하는' 3단계 전략이 효과적이다. 잡담을 통해 출신지나 취미를 파악하고, 공통점을 발견하는 즉시 "저도 거기 다녔습니다", "저도 전에 그 서비스를 사용했습니다"라고 짧게 언어화한다. 그다음 "그럼 이번 기획에서도 그 관점을 살릴 수 있겠군요"라며 업무로 자연스럽게 연결한다. 고객 대응에서도 마찬가지다. 상대가 쓰는 단어를 빌려 "'속도 중시', 저희도 같은 생각입니다. 그 조건으로 다시 설계하겠습니다"라고 말하면, 상대의 신뢰를 얻을 수 있다.

여기에 '미러링 효과'를 결합하면 영향력은 더욱 커진다. 먼저 몸짓과 말투를 맞춰 비언어적 닮음을 연출하고, 이어 언어를 통해 공통점을 부각한다. 형식과 내용 모두에서 같은 편이라는 인상을 심어주면, 판단은 한층 우호적으로 기울어진다.

단, 두 가지 함정을 경계해야 한다. 공통점을 과장하거나 노골적으로 맞추려는 태도는 오히려 불신을 키운다. 유사성은 은근하게 작동할 때 힘을 발휘한다. 또한 비슷한 사람과만 어울리면 편협한 판단만 내리게 된다.

다양한 관계가 조직을 단단하게 한다. 유사성으로 인한 호감과 평가를 분리하고, 나와 다른 관점의 목소리에도 귀를 기울이는 태도가 필요하다. 그것이 감정에 휘둘리지 않으면서도 신뢰를 얻는 균형 감각이다.

042

칵테일파티 효과

이름은
가장 은밀한 미끼다

멍하니 있다가도 자기 이름이 불리는 순간 정신이 번쩍 들고, 잡담 중에 자신이 담당하는 프로젝트 이야기가 나오면 본능적으로 반응하게 되는 경험을 한 번쯤 해봤을 것이다.

현대인은 정보의 홍수 속에서 살아간다. 주변의 모든 목소리, 글자, 알림음에 일일이 주의를 기울이다가는 뇌가 과부하로 터져버릴지도 모른다. 그래서 우리 뇌는 정보 대부분을 잡음으로 처리한다. 그런데 신기하게도 자신과 관련된 정보는 귀신같이 잡아낸다. 동료의 이름에는 묵묵부답이던 센서가 자기 이름에는 즉각 반응한다. 다른 부서 이야기는 한 귀로 빠져나가도, 우리 부서 이야기는 귀에 쏙쏙 박힌다. 이는 뇌가 자신과 관련된 정보를 최우선으로 처리하기 때문이다.

이 현상을 심리학에서는 '칵테일파티 효과Cocktail Party Effect'라고 부른다. 시끄러운 파티장에서도 자기 이름만큼은 또렷하게 들리는 데서 유래한 명칭이다. 인간은 본능적으로 자신과 관련된 정보를 향해 안테나를 세운다.

이 심리 기제는 조직에서 강력한 무기가 된다. 상대의 이름을 부르는 것만으로도 주의를 환기할 수 있으며, 상대의 담당 업무나 실적을 언급하면 대화에 더 깊이 끌어들일 수 있다. 간단하기 그지없는 테크닉이지만, 활용하기에 따라 엄청난 설득력을 발휘한다.

영업이나 협상에서도 마찬가지다. "업계 전체의 상황은……" 이라는 일반론보다는, "귀사의 △△ 사업 사례를 보면……"이라는 구체적 언급이 훨씬 적극적인 반응을 끌어낸다.

단, 이름이나 소속을 너무 빈번히 거론하면 작위적으로 보여 역효과를 초래할 수 있다. 핵심은 자연스럽고 세련되게 대화에 녹여 내는 것이다.

인간은 자신과 관련된 화제에는 반드시 반응한다. 그 본능을 정확히 이해하고 대화를 설계하면 상대가 내 말을 경청하도록 꾀어 낼 수 있다.

043

수면자 효과

시간이 지나면 불신은 잠들고 메시지는 깨어난다

회의에서 기각된 아이디어가 몇 주 뒤 다시 지지를 얻어 채택되거나, 교육 당시에는 그다지 중요하게 느껴지지 않았던 내용이 실무에 큰 도움이 됐던 경험이 있을 것이다. 이처럼 정보는 접한 그 순간보다 시간이 지난 후에 비로소 위력을 발휘할 때가 있다.

대부분의 사람은 새로운 정보를 선뜻 받아들이지 않는다. 심지어 지금은 굳이 필요 없다며 거부하기도 한다. 하지만, 시간이 흐르면서 당시의 상황이나 감정은 희미해지고 오직 내용만이 기억에 남는다. 그러면 "다시 생각해보니, 일리가 있네"라며 정보를 받아들이기 쉬운 상태가 된다.

심리학에서는 이 현상을 '수면자 효과Sleeper Effect'라고 부른다. 처음에는 신뢰하지 않았던 정보가 시간이 지나면서 설득력을 얻고 마음에 스며드는 것이다.

이 현상은 조직에서도 흔히 목격된다. 기획안을 제안할 당시에는 무관심하던 상사가 며칠 뒤 "그 안 추진해보자"라고 태도를 바꾸거나, 회의에서 묵살당했던 발언이 다른 사람의 입으로 다시 거론되자 쉽게 받아들여지는 식이다. 이는 시간의 경과와 함께 부수적인 자극은 사라지고 '말의 내용'만 기억에 남기 때문이다.

영업 현장도 마찬가지다. 비싸다는 이유로 거절한 고객이 몇 달 뒤 다시 한번 보고 싶다며 연락해오기도 한다. 시간이 거부감을 씻어내고 진정한 가치를 수면 위로 끌어올린 예다.

수면자 효과의 묘미는 거절당했다는 사실 자체가 후에 유리한 요소로 바뀐다는 데 있다. 그러니 단번에 설득하려고 조급해할 필요가 없다. 시간이 대신 설득해줄 것이기 때문이다.

이 효과를 무기로 삼으려면, 결국에는 통한다는 믿음을 가지고 메시지를 던지는 배짱이 필요하다. 씨앗을 뿌려두면 언젠가 반드시 싹이 튼다. 상대의 즉각적인 반응만으로는 설득의 성패를 알 수 없다. 낙담하지 않고 기다리는 사람이 과실을 얻을 것이다.

044

나를 도와준 사람보다
내가 도와준 사람이 신경 쓰인다

18세기 미국의 정치가 벤저민 프랭클린Benjamin Franklin은 자신을 적대시하던 반대파 의원에게 뜬금없이 책을 빌려달라고 부탁했다. 상대는 차마 거절하지 못하고 책을 빌려줬는데, 뜻밖에도 그때부터 프랭클린에 대한 태도가 호의적으로 변했다고 한다. 보통은 도움을 받은 사람이 도움을 베푼 사람에게 호감을 느끼게 될 것이라고 생각하기 쉽지만, 정반대의 현상이 일어난 것이다.

인간에게는 자신의 행동과 감정을 일치시키려는 습성이 있다. '싫어하는 사람에게 친절을 베풀었다'라는 모순이 발생하면 심리적으로 불편함을 느끼게 되고, 이를 해소하기 위해 그 사람을 싫어하지 않기 때문에 도와준 것이라고 합리화한다. 이것이 바로 '벤저민 프랭클린 효과Benjamin Franklin Effect'다. 이 효과를 이해하면 아주 간단한 방법으로 자신을 향한 호감을 싹틔울 수 있다.

조직에서도 이 효과를 활용할 수 있다. 자료 복사나 간단한 확인을 요청하는 것만으로도 상대의 머릿속에 '이 사람을 돕고 있다'라는 인식이 자리 잡으면서 관계가 원만해진다. 상대에게 일방적으로 베풀려 애쓰기보다 오히려 기대는 편이 더 쉽게 심리적 거리를 좁힐 수 있는 것이다.

고객과 유대를 쌓을 때도 도움이 된다. "명함 좀 스캔해도 될까요?"라는 가벼운 부탁으로도 어색한 분위기를 풀 수 있다. "지난번에 추천해주신 책 정말 좋았습니다. 좋은 책이 있으면 또 추천해주세요"라고 말하면, 누군가에게 도움이 됐다는 기쁨이 상대에 대한 호감으로 바뀐다.

단, 너무 부담스러운 부탁은 역효과를 일으킬 수 있다. 부탁이 받아들여지지 않는 순간 관계가 어색해진다. 거절당한 사람만큼이나 거절한 사람의 마음도 불편하기 때문이다. 핵심은 상대가 부담 없이 들어줄 수 있는 사소한 부탁이어야 한다는 점이다. 이를 통해 긍정적인 경험이 쌓이면 신뢰와 친근감이 형성된다.

베풀어야만 사람의 마음을 얻을 수 있는 것은 아니다. 상대에게 기대는 것 또한 매우 효과적인 방법이다. 누군가에게 도움이 되었다는 기쁨을 느끼게 해준 그 사람이 좋아지는 것은 어찌 보면 당연한 이치다.

045

호혜성의 법칙

호의는 보이지 않는 빚을 남긴다

동료가 문득 커피 한 잔을 건네면, '다음엔 내가'라는 생각이 자연스레 든다. 크든 작든 무언가를 받으면 보답해야 할 것 같은 심리 기제가 작동하기 때문이다. 이것이 바로 '호혜성의 법칙Law of Reciprocity'이다.

이 심리는 조직에서 관계를 형성할 때 매우 유용하다. 바쁜 동료를 도와주면, 나중에 자신이 곤경에 처했을 때 도움을 받을 수 있다. "그건 이 친구가 잘 압니다"라고 치켜세우면, 자신에게 기회가 왔을 때 지원을 기대할 수 있다. 이처럼 내가 베푼 작은 호의는 언젠가 든든한 지원군이 되어 돌아온다.

이 밖에도 호혜성을 만들어낼 기회는 얼마든지 있다. 뒷사람이 먼저 지나가도록 문 잡아주기, 복사하는 김에 동료 몫까지 챙기기,

"오늘 발표 좋았어!"라고 칭찬하기 등등. 이런 행동은 상대에게 좋은 기억으로 남고, 훗날 예상치 못한 선의로 돌아온다.

고객을 대할 때도 이 법칙은 막강한 힘을 발휘한다. 유익한 자료나 정보를 생색내지 않고 제공하는 것만으로도 고객의 태도는 전향적으로 바뀐다. 값비싼 선물이 아니어도, 상대를 위하는 마음 그 자체가 호혜성을 끌어낸다는 점이 핵심이다.

당연히, 대가를 노리고 베푸는 계산된 친절은 역효과를 부르기 마련이다. 자연스럽게 우러난 마음으로, 보답을 의식하지 않는 것이 중요하다. 작은 호의는 상대의 마음속에 보이지 않는 '빚'을 남긴다.

호혜성의 법칙을 기억하면 인간관계는 저절로 원만해진다. 내가 먼저 작은 호의를 베풀면, 상대에게도 보답해야 할 것 같은 마음이 싹트면서 자연스럽게 서로 돕는 관계가 만들어질 것이다.

046

처음에 닫힌 문은
다음으로 열릴 문을 위한 설계다

"환경보호를 위해 매달 10만 원씩 기부해달라"라는 요청을 받으면 대다수 사람은 즉시 손사래 칠 것이다. 하지만 "그렇다면, 서명이라도 해달라"라고 부탁하면 흔쾌히 응하게 된다. 이처럼 거절을 역이용해 원하는 바를 얻어내는 심리 전략을 '도어 인 더 페이스 Door in the Face'라고 한다. 처음의 과한 요구는 거절을 예상한 미끼에 가깝다.

상대의 요구를 단칼에 거절하고 나면 미안함을 느끼는 것이 인간의 본성이다. 이때 상대가 처음보다 가벼운 부탁을 내밀면, '이 정도는 들어줘야겠다'라는 심리가 작동한다. 첫 번째 요구가 과했던 만큼, 두 번째 요구는 합리적이고 타당해 보이기까지 한다.

영업이나 협상에서는 이 심리가 교묘하게 이용된다. 먼저 '연간 계약 플랜'을 제시해보고 거절당하면, "그럼 한 달만 테스트해보시겠습니까?"라고 제안하면 승낙을 얻어내기가 훨씬 수월하다. 조직 내에서도 "다음 주까지 전부 끝내달라"라고 하면 반발심이 생기지만, "일부라도 먼저 부탁할 수 있을까요?"라고 물으면 선뜻 수락하는 경우가 많다. 상대가 양보했다고 느끼면 마음의 빗장이 풀리기 마련이다.

인간관계 역시 마찬가지다. 후배에게 "휴일에 와서 종일 도와달라"라고 부탁했다가 거절당했을 때, "그러면 오전에만 도와달라"라고 말을 바꾸면 승낙할 가능성이 커진다. 양보받았다는 인식이 협조적인 태도를 끌어내기 때문이다.

단, 남용은 금물이다. 매번 터무니없는 요구부터 들이밀면, '처음부터 이럴 작정이었나?'라는 의심을 산다. 진정성을 유지하되 결정적인 순간에만 영리하게 활용해야 한다.

핵심은, 첫 번째 부탁은 확실히 부담스러워야 하고, 두 번째 부탁은 현실적이어야 한다는 점이다. 이 격차가 분명해야 양보받았다는 실감이 커지고 승낙도 쉬워진다. 첫 번째 부탁을 어떻게 설계하느냐가 상대의 심리를 뒤흔드는 관건이다. 닫힌 문은 실패가 아니라, 다음 문을 열기 위한 포석일 뿐이다.

047

풋 인 더 도어 전략

사소한 부탁으로
거절을 거절하라

앞서 살펴본 '도어 인 더 페이스'가 무리한 요구로 거절을 유도한 뒤 원하던 승낙을 받아내는 방식이었다면, 이번에는 정반대다. 작은 부탁으로 시작해 점차 큰 협력을 얻어내는 전략, 바로 '풋 인 더 도어Foot in the Door'다. 빼꼼히 열린 문이 다시 닫히지 않도록 발끝을 살짝 들여놓는 방식이다.

"설문 조사 딱 한 문항만 부탁드립니다"라는 말에 응하고 나면, "몇 가지만 더"라는 요청을 거절하기 어렵다. 인간은 한번 정한 태도를 유지하려는 습성이 있기 때문이다. 이 때문에 작은 '예스'가 쌓일수록 더 큰 요청에도 쉽게 고개를 끄덕이게 된다. 처음의 승낙이 이후 선택의 기준점이 된다.

조직에서도 이 원리는 똑같이 작동한다. "숫자 하나만 확인해

달라"라고 요청한 뒤, "표 전체도 한번 봐달라"라고 이어가면 자연스럽게 협조를 얻어낼 수 있다. 영업 현장에서도 "무료 자료만 받아보시라"로 시작해 "한번 체험해보지 않겠느냐"로 넘어가면 계약 성공률을 높일 수 있다.

비즈니스에서도 이 효과는 유용하다. "잠시 이야기 좀 나누자"라는 말로 가볍게 시작한 뒤 본론을 꺼내야 상대가 차분히 이야기를 듣고 승낙할 확률이 높아진다. 작은 승낙이 이어질수록 '상대를 돕고 있다'라는 자기 이미지가 형성되기 때문이다.

단, 이 방법을 과도하게 사용하면 상대는 이용당하고 있다는 불쾌감을 느끼게 되고, 결국 신뢰는 깨진다. 다음 단계로 넘어가는 속도가 너무 빨라도 의심을 사기 쉬우니, 적절한 템포로 차근차근 단계를 밟는 것이 중요하다.

풋 인 더 도어는 작은 '예스'를 쌓아가는 전략이다. 이루고자 하는 목표가 클수록 첫 번째 승낙을 어떻게 끌어낼지 고민하라. 바로 거기에 승부처가 숨어 있다. 좁은 틈새로 밀어 넣은 한 발짝이 성공의 문을 활짝 열어줄 것이다.

048

로우볼 기법

번복은
거절보다 고통스럽다

"특별 할인가 10만 원!"이라는 말에 구매를 결정했다. 그런데 계산 직전에 점원이 다른 말을 한다. "죄송합니다. 이 제품은 할인 제외 품목이라서 12만 원입니다". 하지만, 놀랍게도 대다수는 그대로 지갑을 연다. 이것이 바로 '로우볼 기법Low-Ball Technique'이다.

인간은 한번 "예스"라고 답한 이상, 조건이 나빠져도 "노"라고 말하기 힘들어한다. 선택을 번복하는 일은 생각보다 큰 심리적 비용을 요구한다. 이미 내린 결정을 뒤집는 순간, 스스로 일관성을 무너뜨리는 느낌을 받기 때문이다. 인간은 손해보다 '번복'을 더 불편해한다.

조직에서도 마찬가지다. "자료 정리만 하면 된다"라는 말에 수락하고 나면, "도표도 만들어달라"라는 요청이 추가되어도 거부하기 어렵다. "이 방침으로 진행하자"라고 합의한 뒤 세부 조건이 조금씩 바뀌어도, 이미 동의했다는 사실이 발목을 잡는다. 가벼운 마음으로 덜컥 내린 결정 하나가 이후의 선택지를 좁혀버린다. 첫 승낙은 심리적 족쇄가 된다.

영업 현장에서도 이 심리는 강력하게 작용한다. '월 3만 원'이라는 안내를 받고 마음을 정한 고객은 별도의 초기 비용이 발생한다는 조건이 추가되어도 계약을 그대로 진행한다. 한번 결심이 서면 마음속에서 작용하는 관성을 거스르기 힘들다.

단, 막강한 위력만큼 신뢰를 잃을 위험도 크다. 상대가 속았다고 느끼는 순간, 관계는 단번에 무너진다. 로우볼은 상대를 기만하기 위한 속임수가 아니라, 합의를 고정하는 도구로 활용해야 한다. 선을 넘는 순간 설득은 조작으로 전락한다.

지금까지 살펴본 세 가지 기술은 모두 부탁의 '순서'로 사람의 마음을 움직인다. 무리한 부탁을 던진 뒤 물러서는 '도어 인 더 페이스 전략', 작은 부탁으로 시작해 점점 키워가는 '풋 인 더 도어 전략', 그리고 일단 승낙을 얻어낸 뒤 조건을 덧붙이는 '로우볼 기법'까지. 순서가 바뀌면 결과도 달라진다. 설득은 내용보다도 타이밍과 배열의 게임이다.

049

동조 효과

혼자가 되는
공포를 설계하라

소수파라는 이유로 본심을 억누르고 다수의 의견에 따랐던 경험은 누구에게나 있다. 설령 그것이 옳지 않다고 생각되어도, 눈총 받고 싶지 않은 마음에 뜻을 꺾는다. 사람은 틀리는 것보다 혼자 남는 것을 더 두려워한다.

'이 기획안은 잘못되었다'라는 생각이 들어도 모두가 고개를 끄덕이는 상황에서는 쉽게 입이 떨어지지 않는다. 회식 자리에서도 '그만 집에 가고 싶다'라는 마음이 간절해도 분위기를 깨기 두려워 자리를 뜨지 못한다. 인간은 끊임없이 주변의 표정을 읽고, 보이지 않는 합의를 확인한다. 분위기는 논리보다 빠르게 결정을 압박한다.

이는 나약함이 아니라 생존 본능이다. 오랜 세월 집단을 이뤄 살아온 인간은 무리로부터의 이탈을 위험으로 여겼다. 현대사회에

서도 그 습성은 여전히 남아 있다. 심리학에서는 이를 '동조 효과
Conformity Effect'라고 부른다. 고립을 두려워한 나머지 다수의 뜻에 따
르고, 본심보다 일체감을 우선시해 자신의 행동을 바꾸는 것이다.

조직에서도 이 현상은 일상적으로 나타난다. 회의에서 아무도
이의를 제기하지 않으면 자신도 침묵하고, 상급자의 판단에 의구심
이 들어도 순응한다. 이렇게 개인이 한 발 물러설수록 표면은 평온
해 보인다. 그러나 그 평온은 때로 질문이 사라진 결과이기도 하다.

꾸며낸 평온 아래에는 위험이 도사리고 있다. 주변에 맞추기만
하면 오판과 부조리까지 묵인하는 사태로 이어질 수 있기 때문이
다. 자신이 다수파일 때는 안도감을 주는 장치로 동조 효과를 활용
하되, 소수파일 때는 다수가 항상 옳은 것은 아니라는 사실을 잊지
말고 경계해야 한다.

영업이나 협상에서도 이 효과를 전략적으로 사용할 수 있다. 이
미 많은 고객이 사용하고 있다는 점을 강조하면, 믿을 수 있다는 확
신을 심어줄 수 있다. 수많은 선택지 중 '인기 No.1'이라고 적힌 상
품에 무심코 손이 가는 것도 바로 이 심리가 작동하기 때문이다.

동조 효과는 사람을 하나로 묶는 끈이 될 수도, 생각을 옥죄는
사슬이 될 수도 있다. 이 심리를 이해하면 타인을 움직이는 고삐와
자신을 지키는 방패를 모두 손에 넣을 수 있다.

당신이 이룬 성과는 노력의 증거처럼 보이지만,
사실은 우연과 착각이 빚어낸 산물일 때가 많다.
이를 깨닫지 못한 채 어쩌다 움켜쥔 운을 실력이라 믿는 순간
톱니바퀴는 어긋나기 시작한다.
승자가 있는 곳에는 같은 법칙을 잘못 읽고
고배를 마신 패자가 반드시 존재한다는 사실을 기억하라.

Part 4

다크심리로
성과를 만드는 전략

050

머피의 법칙

최악을 대비해
실패를 최소화하라

세상일은 계획대로만 흘러가지 않는다. 괜찮다고 방심할 때, 꼭 중요한 대목에서 탈이 난다. 일을 시작하려는 찰나에 컴퓨터가 고장 나거나, 협상 중 예상치 못한 질문에 막혀 진땀을 뺀 경험이 한 번쯤 있을 것이다. 실패는 마치 작정이라도 한 듯 결정적인 순간에 얼굴을 내민다.

이유는 단순하다. 인간은 잘될 것이라는 근거 없는 낙관에 안주하며 리스크를 가볍게 여기는 습성이 있기 때문이다. 주의를 게을리하고 안일한 전망을 우선시한 결과, 지극히 낮은 확률의 리스크마저 현실이 되고 마는 것이다. 예상 밖의 상황에 대비하는지가 성공과 실패를 가른다.

프레젠테이션 준비 과정을 떠올려보라. 어떻게 하면 발표를 잘

할지에만 집중하면 발표 장비 결함이나 돌발 질문에 속수무책으로 당할 수 있다. 반면, 모든 돌발 상황을 상정하고 대비한 사람은 어떤 상황이 닥쳐도 침착하게 대응한다. 성공보다 실패를 염두에 둔 철저한 대비가 결과를 좌우한다.

이때 작용하는 심리가 바로 '머피의 법칙_{Murphy's Law}'이다. 비관적으로 들릴지 모르지만, 잘못될 가능성이 있는 일은 반드시 잘못된다는 전제하에 일을 추진하는 것은 실무에서 매우 유효한 전략이다. 실패 가능성을 외면하지 않고 최악의 상황에 대비하는 태도야말로 결과를 지켜내는 강력한 무기다.

물론 모든 트러블을 예측하는 것은 불가능하다. 그러나 실패를 상정하고 만반의 준비를 갖춘다면, 설령 실패하더라도 피해의 크기를 확실히 줄일 수 있다.

당신의 도전은 실패를 최소화하는 관점에서 설계됐는가? 머피의 법칙은 비관론자의 넋두리가 아니라, 성과를 사수하기 위한 경고다.

051

계획 오류

당신의 계획은
이미 실패를 품고 있다

치밀한 계획을 세웠음에도, 막상 일이 시작되면 예상보다 더디게 진행되는 경험을 한 번쯤 해봤을 것이다. 아무리 완벽한 계획을 세워도 오차는 발생하기 마련이다.

신제품 개발에 반년이면 충분하다고 견적을 냈지만 실제로 1년이 걸리고, 사무실 이전에 일주일 걸릴 것이라고 상정했지만 예상치 못한 문제로 인해 2주를 넘기고 만다. 이처럼 인간은 계획을 세울 때 필요한 시간과 비용을 낙관적으로 어림잡는 습성이 있다.

이 심리 기제를 '계획 오류Planning Fallacy'라고 한다. 인간은 본능적으로 장밋빛 시나리오에 끌린다. 자신의 능력을 과신한 나머지 돌발 변수의 위협을 저평가하고 마는 것이다. 그 결과 계획은 언제나 안이해지고, 실행 단계에서 처참히 무너진다.

조직에서도 이 현상은 비일비재하게 나타난다. 회의 시간을 30분으로 설정해도 1시간을 넘기기 일쑤고, 신규 시스템을 순조롭게 도입할 수 있을 것이라 예상하지만, 테스트와 개선 과정에 몇 배의 시간이 들기도 한다. 이처럼 계획 단계의 낙관은 업무 현장의 혼란을 낳는다.

개인적인 계획을 세울 때도 마찬가지다. "3개월이면 자격증을 딸 수 있다"라는 호언장담이 실현되는 경우는 극히 드물다. 안이한 계획은 결국 자기 자신을 궁지로 몰아넣을 뿐이다.

하지만 이 오류를 이해하면 실현 가능한 계획을 세울 수 있다. "빠르면 3개월이지만, 상황에 따라서는 6개월이 걸릴 수도 있다"라고 여유를 확보하라. 이틀이면 끝날 작업도 사흘은 걸린다고 엄살을 피워도 좋다. 이 같은 보수적인 계획이야말로 성공률을 높이는 비결이다.

계획 오류는 미래를 밝게 조망하고 싶어 하는 인간의 본성이다. 그러나 그 본성에 휘둘리면 계획은 차질을 빚을 수밖에 없다. 오차를 염두에 두는 사람만이 계획을 지켜낼 수 있다. 당신을 성공으로 이끄는 것은 낙관이 아니라 현실감각이다.

052

파레토 법칙

20%의 알짜가
효율을 극대화한다

마트의 매출은 몇몇 핵심 품목이 전체를 떠받치는 구조로 돌아간다. 온라인 스토어 역시 매출의 대부분이 소수의 충성 고객에게서 발생한다. 이것이 바로 '파레토 법칙Pareto Principle'이다.

19세기 이탈리아 경제학자 빌프레도 파레토Vilfredo Pareto는 국토의 80%를 단 20%의 부유층이 소유하고 있다는 사실을 발견했다. 이 기이한 불균형이 사회 전반에서 반복적으로 나타남에 따라 '80 대 20의 법칙'이라는 별칭도 얻었다.

비즈니스 현장에서도 이 치우침은 어김없이 재현된다. 매출은 한 줌 VIP 고객이 떠받치고, 이익의 상당 부분은 소수의 히트 상품에서 나온다. 심지어 클레임조차 극소수의 거래처에 집중되는 경향이 있다.

전체를 균등하게 다루는 것은 비효율의 극치다. 가치를 창출하는 소수에 화력을 집중하는 편이 훨씬 효과적이다. 성과를 내는 20%를 가려낼 수 있다면 한정된 자원으로 최대의 결과를 뽑아낼 수 있다. 영업 담당자는 상위 고객의 충성도를 공고히 하는 데 주력해야 하며, 상품을 개발할 때는 히트 상품을 만드는 데 자원을 쏟아부어야 효과적이다. 시간 관리도 마찬가지다. 성과의 80%를 차지하는 20%의 핵심 업무에 집중할 때 생산성은 비약적으로 오른다.

그렇다고 나머지 80%를 무시해도 된다는 뜻은 아니다. 기존 고객에게만 집중하다 신규 고객 확보의 기회를 놓칠 수도 있고, 특정 거래처에만 의존하면 도리어 리스크가 커지기 때문이다.

수익과 성장이라는 두 마리 토끼를 잡아야 한다. 상위 20%에 과감히 투자하는 동시에 다음 주력 대상 후보를 발굴하는 노력을 게을리해서는 안 된다. 정기적으로 의존도를 점검하고, 주요 지표를 비교해 포트폴리오를 건전하게 유지해야 한다.

80 대 20은 절대 비율이 아닌, 경험칙에 불과하다. 시장과 상품의 단계에 따라 편중의 정도는 얼마든지 달라질 수 있다. 꾸준히 데이터를 업데이트하고 주력 대상을 재설정해야 한다. 필요하다면 상위 20%를 다시 세분화해 알짜 중의 알짜를 공략하는 전략을 세워야 효율을 극대화할 수 있다.

053

자기효능감

할 수 있다는 착각,
현실을 바꾸는 최면

새로운 프로젝트가 주어지면 "나에게는 버겁다", "부담이 너무 크다"라며 손을 놓아버리는 사람이 적지 않다. 자신감을 잃고 불안이 눈덩이처럼 불어날 때 필요한 것은 고도의 테크닉이 아니라 나라면 할 수 있다는 확신이다.

심리학에서는 이를 '자기효능감 Self-Efficacy'이라고 부른다. 능력이 비슷해도, 할 수 있다고 믿는 사람은 적극적으로 행동하기에 성과를 낼 가능성도 크다. 반면, 어차피 안 된다고 생각하는 사람은 도전을 회피하고 노력하기도 전에 포기해버린다.

조직에서도 이 차이는 극명히 드러난다. 자신의 의견에 가치가 있다고 믿는 사람은 회의에서 주저 없이 발언하고 논의를 주도하지만, 말해봤자 소용없다고 생각하는 사람은 침묵을 지키다 기회를 놓치고 만다. 자기효능감의 차이가 신뢰와 성과를 크게 좌우하는 셈이다.

비즈니스 현장에서도 마찬가지다. 제안이 반드시 통한다는 믿음을 가진 사람의 목소리에는 상대의 마음을 움직이는 힘이 실린다. 반면, 어차피 안 된다고 생각하는 사람의 목소리에서는 자신감도, 의지도 느껴지지 않기 마련이다. 이래서는 될 일도 되지 않는다.

자기효능감을 높이는 데는 작은 성공 경험을 쌓는 것이 효과적이다. '짧은 발표였지만 성공적이었다', '기한 내에 업무를 끝냈다'와 같은 긍정적인 경험이 자신감의 토대가 된다. "너라면 할 수 있어!"라는 주변의 지지 또한 강력한 원동력이 된다.

단, 과신은 금물이다. 자만에 빠져 준비를 소홀히 하면 실패할 수밖에 없다. 신념은 노력이 뒷받침될 때 비로소 성과로 바뀐다. 이 점을 간과하면 근거 없는 자신감에 취해 공회전할 뿐이다.

할 수 있다고 믿는 순간 행동은 달라진다. 불안감에 멈춰 서지 말고 일단 움직여라. 그 작은 한 걸음이 당신을 성공에 더 가깝게 할 것이다.

054

성공은 내 덕,
실패는 네 탓?

인간은 성공의 이유를 냉정하게 분석하지 못한다. 성공하면 자신의 능력 덕분이라고 믿고, 실패하면 자신을 둘러싼 환경을 탓한다. 심리적 편향이 자신에게 유리한 방향으로 현실을 덧칠해버리는 것이다.

제안이 통과되면 본인의 기획력이 인정받았다며 기뻐하지만, 기각당하면 상부의 이해력이 부족하다며 혀를 찬다. 계약을 따내면 자신의 영업력이 만들어낸 성과라고 자부하지만, 수주에 실패하면 경쟁사의 조건이 너무 좋았다며 핑곗거리를 찾는다. 이처럼 인간은 무의식중에 아전인수격 해석을 되풀이한다.

이런 '정신 승리'는 자존심을 지키는 데는 도움이 될지 모르나, 성장의 기회를 박탈하는 치명적 위험을 내포한다. 성공의 공로를

독차지하는 순간 주위 사람에 대한 감사는 옅어진다. 실패를 환경 탓으로 돌리면 아무것도 배우지 못하고 결국 같은 실수를 반복하게 된다.

이 현상을 심리학에서는 '자기 고양적 편향Self-Serving Bias'이라고 부른다. 자존심을 지키기 위한 일종의 방어기제로서는 자연스러운 반응일지 모르나, 조직에서는 마찰과 불신의 씨앗이 된다.

조직에서도 이런 병폐가 발현되곤 한다. 성공하면 팀장 자신의 리더십이 탁월했다며 공치사를 늘어놓고, 실패하면 팀원의 무능 때문이라며 떠넘기기 일쑤다. 이런 태도가 지속되면 협력의 고리는 끊어지고 만다.

반면, 자기 고양적 편향을 억누를 줄 아는 사람은 신뢰를 얻는다. 실패를 자신의 준비 부족으로 돌리면 위로와 지지를 얻고, 성공을 모두의 덕분이라고 말하는 사람 곁에는 더 많은 사람이 모인다.

당신은 성공과 실패를 동일한 무게로 받아들이고 있는가? 자기 고양적 편향을 극복하고 모든 일을 배움의 기회로 바꾸는 사람이야말로 조직을 성장시킨다. 잘되면 내 덕, 안 되면 남 탓이라는 생각부터 버려라.

055

공정함을 믿는 순간, 이용당한다

피나는 노력 끝에 성과를 낸 자신보다 정치에 능한 동료만 고평가받는 부조리에 고통받는 사람이 적지 않다. 현실은 반드시 공정하게 흘러가지 않지만, 많은 사람이 열심히 하면 보상받을 수 있다고 믿는다.

우리는 노력하면 성공하고 나쁜 짓을 하면 벌받는다고 믿으며 살아간다. 학교와 가정에서 그렇게 배우며 자랐기에 상식 밖의 상황에 직면하면 그럴 리 없다며 거부반응을 일으킨다.

그러나 현실은 늘 공평하지 않다. 성실한 사람은 보상받지 못하고, 요령 좋은 사람이 성과를 가로채는 일도 비일비재하다. 그럼에도 여전히 세상은 공정하다고 믿고 싶어 한다.

이런 심리를 '공정한 세상 오류Just World Fallacy'라고 한다. 착한 사람은 복을 받고, 나쁜 사람은 벌을 받는다는 이상적인 질서를 믿음으로써 안도감을 얻으려는 본능이다.

그러나 이는 판단력을 흐릴 위험이 있다. 일만 잘하면 승진할 수 있다고 맹신하면, 조직 내 정치나 인간관계의 영향력을 간과하게 된다. 그러다 자신의 믿음과 다른 현실에 부딪히면 과도하게 좌절하거나 타인과 환경을 원망하기 쉽다.

반면, 공정한 세상 오류를 이해하는 사람은 유연하다. 노력은 필요조건일 뿐이라는 사실을 받아들이면 환경과 인맥에도 눈을 돌릴 수 있다. 공정함을 전제하지 않기에 불합리한 상황에서도 이성적으로 대처할 수 있다.

노력은 결코 무의미하지 않지만, 노력하면 반드시 보상받는다는 고정관념은 위험하다. 기울어진 운동장을 받아들이는 사람이 마지막에 웃을 수 있다.

당신은 세상이 공정하다는 믿음에 갇혀 있지 않은가? 이 순진한 믿음을 의심하는 태도야말로 현실을 직시하는 지혜이자, 불합리에 무너지지 않는 힘이다.

056

스포트라이트 효과

아무도 당신에게
그만큼 관심 없다

실제로는 아무도 자신을 보고 있지 않아도 인간은 항상 주목받고 있다고 느낀다. 긴장감이나 수치심은 대개 타인의 시선을 지나치게 의식하는 데서 비롯된다. 발표 중 슬라이드를 넘기다 실수하면 '속으로 다들 비웃겠지'라고 생각하며 식은땀을 흘리고, 새로 산 옷이 어울리지 않는 것 같아 온종일 불안해한다. 하지만 현실에서는 저마다 자기 생각, 자기 일에 여념이 없어 타인의 사소한 실수나 변화 따위는 알아차리지 못하는 경우가 허다하다.

인간은 누구나 자기 자신을 중심으로 세상이 돌아간다고 생각한다. 다른 사람 눈에 비치는 자기 모습을 과도하게 의식한다. 이런 착각을 '스포트라이트 효과Spotlight Effect'라고 부른다. 마치 무대 위 주인공처럼 스포트라이트를 받고 있다고 착각해, 사소한 실수조차 대단한 사건인 양 부풀려 생각하는 것이다.

조직 생활을 할 때도 이 심리는 행동을 제약한다. 회의에서 말실수를 하면 어쩌나 하는 두려움에 발언을 꺼리는 사람이 많다. 이렇게 위축될수록 자신의 능력을 발휘하기 힘들어진다.

반면, 이 효과를 자각하는 사람은 더 많은 기회를 얻는다. '사람은 생각보다 남에게 관심이 없다'라는 확신이 있으면 더 적극적으로 행동할 수 있다. 타인의 시선을 의식하지 않고 움직일수록 도전을 거듭하며 성과를 거머쥘 수 있는 것이다.

새로운 기획안을 발표할 때, 열심히 준비했으니 긴장할 필요 없다는 마음가짐으로 임하는 사람과 모두 나를 지켜보고 있다고 생각하며 위축되는 사람의 결과가 엇갈릴 것쯤은 누구라도 쉽게 짐작할 수 있다.

자의식에 사로잡힌 사람은 자신의 그림자에 갇힐 것이고, 스포트라이트라는 환상을 걷어낸 사람은 성과를 이룩하여 양지로 나아가게 될 것이다.

057

모두가 동의할 거라는 오만한 착각

자신의 말에는 누구나 동의할 것이라고 믿는 사람이 있다. 주위에서 당혹스러워하든 말든, 본인은 세상 사람이 모두 자기처럼 생각한다고 믿어 의심치 않는다.

인간은 누구나 자신의 관점으로 세상을 이해하기에, 타인도 나와 같을 것이라고 생각하기 쉽다. 하지만 놓인 상황이나 겪어온 경험이 다르면 사물을 바라보는 방식도 달라지기 마련이다. 자기중심적인 사고방식은 오해와 충돌을 낳을 뿐이다.

이런 인지적 편향은 비즈니스 현장에서도 흔히 볼 수 있다. 이렇게 괜찮은 제안은 없다는 확신에 빠지면, 당연히 고객도 그 가치를 알아볼 것이라고 믿어버린다. 그 결과 고객의 니즈를 무시하고 밀어붙이다 부정적인 인상만 남기게 된다.

이런 심리 기제를 '자기중심적 편향^{Egocentric Bias}'이라고 한다. 상대도 자신과 동일한 사고방식을 지니고 있다고 착각하는 것이다. 이 착각에서 벗어나지 못하면 악의가 없어도 마찰을 빚기 쉽다.

윗사람이 '모두가 방침을 이해하고 있을 것'이라고 믿고 설명을 생략하면 아랫사람은 무엇을 우선시해야 할지 몰라 혼란에 빠진다. 반대로, '높은 분들은 당연히 알고 있겠지'라고 넘겨짚다 엇박자가 나기도 한다. 이처럼 자기중심적 편향에 빠지면 소통의 오류를 피할 수 없다.

반면, 이 심리를 이해하는 사람은 신뢰를 얻는다. 상대는 나와 생각이 다를 수 있다고 전제하면, 더 친절하게 설명하며 자기 생각이 잘 전달됐는지 확인하게 된다.

자기중심적 편향은 어쩔 수 없는 인간의 본성이다. 그러나 자신에게 그런 본성이 있다는 사실을 자각하면 함정을 피할 수 있다. 상대의 관점에서 생각하는 습관을 들이면 갈등은 줄고 관계는 돈독해질 것이다.

058

이미 알고 있었다는 거짓말

응원하던 팀이 경기에서 지자 "처음부터 예감이 안 좋았다"라고 말하는 관객. 주가가 폭락하자 "전부터 위험하다고 생각했다"라고 말하는 투자자. 실제로는 그만한 확신이 없었음에도, 결과를 안 순간 과거의 판단을 비틀어버린다.

하지만 안타깝게도 역시 그럴 줄 알았다는 생각은 완전한 착각이다. 마치 선지자라도 된 양 의기양양해하지만, 실상은 끼워 맞추기에 불과하다. 이 인지적 편향이 무서운 이유는 자기 성찰을 방해한다는 데 있다.

조직에서도 이런 착각에 빠진 사람을 흔히 볼 수 있다. 자신의 기획안이 성공하면 "잘될 줄 알았다"라고 말하고, 실패하면 "어려울 것 같았다"라고 말한다. 같은 사람이 정반대의 말을 하는 이유는 결과에 맞춰 기억을 재구성하기 때문이다. 이래서는 무엇이 옳았고, 무엇을 놓쳤는지 제대로 검증할 수 없다.

심리학에서는 이를 '사후 확증 편향^{Hindsight Bias}'이라고 한다. 처음부터 결과를 알고 있었다는 착각에 빠져 자신의 판단력을 과신하게 만드는 심리적 함정이다

이는 조직의 성장을 가로막을 뿐 아니라 자신의 발전에도 도움이 되지 않는다. 실패를 무리한 도전으로 치부해버리면 개선점을 놓치게 되고, 성공을 당연한 결과로 받아들이면 자기 실력을 과신하는 오만에 빠질 수 있다. 이처럼 사후 확증 편향은 실패로부터도, 성공으로부터도 배울 기회를 앗아간다.

반면, 이 심리적 편향을 자각하는 사람은 빠르게 성장한다. 어떻게 생각하고 판단했는지 기록을 남겨두고, 결과가 나온 뒤 이와 대조하며 사실과 해석을 분리해 검증한다. 경험을 미화하지 않고 냉정히 해부할 때 사람은 빠르게 배우고 성장한다.

당신 안의 편향성은 당신에게 "너는 이미 알고 있었다"라고 속삭인다. 이 유혹에 넘어가면 진보는 멈춘다. 실수를 되풀이하지 않는 방법을 배우는 사람만이 다음 단계로 나아간다.

059

감정 휴리스틱

기분이 결정이 되지 않게 합리적인 근거를 찾아라

신규 사업의 리스크를 논의하던 중 문득 해외 실패 사례에 관한 보도가 떠올랐다. 그때부터 머릿속에서 공포심이 부풀어 오르더니 데이터를 압도하고 판단을 지배해버린다.

인간은 의사 결정 과정에서 감정을 완전히 분리하지 못한다. 공포를 느끼면 리스크를 과대평가하고, 감정이 고조되면 반대로 위험을 경시한다. 이처럼 감정에 이끌려 신속한, 혹은 성급한 판단에 도달하는 현상을 '감정 휴리스틱Affect Heuristic'이라고 한다.

이 현상은 특히 조직에서 흔히 볼 수 있다. 회의에서 누군가 불안하다는 목소리를 내면, 안전하다는 근거가 충분함에도 계획이 중단되기도 한다. 반대로 '기대된다', '흥미롭다'라는 의견이 지배적이면 위험한 투자에도 덜컥 승인이 난다. 감정이 냉정한 계산을 덮고 합리적인 판단력을 마비시키는 것이다.

개인도 마찬가지다. 더 높은 자리를 제안받고는 '과연 내가 감당할 수 있을까?'라는 두려움에 사로잡혀 기회를 걷어차는가 하면, 반대로 인정받았다는 자부심에 취해 준비도 없이 자리에 올랐다가 맥없이 추락하기도 한다. 감정이 우세해질수록 이성은 뒷전으로 밀려나기 마련이다.

이 현상이 치명적인 이유는 당사자는 이를 자각하기 어렵다는 데 있다. 논리적으로 결정했다고 생각하지만, 실제로는 불안이나 기대 같은 감정이 키를 쥐고 있을 때가 많다. 판단이 합리적인 근거보다 기분에 좌우됐다는 사실을 깨닫기까지는 짧지 않은 시간이 필요하다.

반면, 이 효과를 자각하는 사람은 다르다. 그들은 이성적으로 생각하고 판단한다. 감정이 휘몰아치는 순간이야말로 데이터를 확인하고 조언을 구할 때임을 알고 실천한다. 감정을 부정하는 것이 아니라, 논리와 분리하는 시스템을 갖춤으로써 판단의 정밀도를 끌어올린다.

감정 휴리스틱은 사람을 움직이게 하는 연료이자 판단을 그르치게 하는 덫이다. 감정이 고조된 순간 잠시 멈춰 이성에게 판단의 주도권을 되돌려주는 그 한 번의 호흡이 성패를 좌우한다.

060

통제력 착각

행운을 실력으로 세탁하는 심리를 버려라

인간은 운의 영향력을 과소평가하는 경향이 있다. 우연이 개입한 성과를 스스로 통제한 결과라고 믿는 현상이 바로 '통제력 착각Illusion of Control'이다.

주식 투자에 처음 뛰어들어 산 종목이 급등했다. 사실은 시장 전체가 상승했을 뿐이지만 자신의 안목이 적중했다고 착각한다. 계약을 따냈을 때도, 어쩌다 보니 절묘한 시점에 담당자와 통성명하게 된 것을 자신의 인맥 덕분이라고 해석한다. 이런 식으로 우연을 실력으로 치환해버린다.

조직에도 이런 착각에 빠진 사람들이 있다. 경쟁사의 철수가 결정적인 성공 요인이었지만 "내 전략이 통했다"라고 떠벌리고, 거래처에서 유연하게 대응해준 덕분에 납기를 맞출 수 있었던 상황에서도 자신이 지휘를 잘해서 일이 잘 해결됐다고 굳게 믿는다. 외부 환경의 영향은 무시하고 스스로 이룬 성과라고 착각하는 것이다.

이런 착각은 일시적으로는 자신감을 높이기도 하지만, 장기적으로는 부작용이 더 크다. 우연을 실력으로 착각하면 다음에도 같은 결과를 낼 수 있다고 믿고 무모한 도전에 뛰어들기 쉽다. 반대로, 실패했을 때는 내 능력이 고작 이것밖에 되지 않는다며 과도하게 자책한다. 어느 쪽이든 정확한 자기평가를 하지 못하고 성장을 멈추게 된다.

커리어 면에서도 마찬가지다. 이직에 성공한 것은 능력을 인정받았다는 증거일 수도 있지만, 때마침 결원이 발생한 우연 덕분일 수도 있다. 면접을 통과한 이유 역시 단순히 면접관의 취향에 맞았을 뿐인지도 모른다. 운이라는 요소를 간과하면 자기 과신과 오만이라는 함정에 빠지기 쉽다.

반면, 인간에게 이런 본성이 있다는 사실을 아는 사람은 덫에 걸리지 않는다. 어디까지가 실력이고 어디까지가 운이었는지를 냉정하게 구분한다. 성공해도 겸손을 잃지 않고, 실패해도 지나치게 낙담하지 않는다.

통제력 착각은 자신감을 키울 수도, 과신을 낳을 수도 있는 양날의 검이다. 운의 존재를 인정하는 사람만이 지속 가능한 성과를 낼 수 있다.

061

현상 유지 편향

가만히 있는 것이
가장 위험하다

오래 사용해 여기저기 해진 낡은 지갑을 좀처럼 버리지 못한다. 아직 더 쓸 수 있다고 강변해보지만, 사실 새 지갑으로 바꾸면 훨씬 쾌적할 것을 알고 있다. 이처럼 인간은 변화보다 현상 유지를 선호하는 경향이 있다.

조직에서도 비슷한 현상을 자주 볼 수 있다. 새로운 시스템을 도입하려고 하면 지금 방식으로도 충분하다며 저항하고, 부서 이동이나 이직 기회가 와도 지금 이대로가 마음 편하다며 발을 내딛지 못한다. 대다수의 사람들은 변화와 안정이라는 선택지 중 안정을 택한다.

심리학에서는 이 경향을 '현상 유지 편향Status Quo Bias'이라고 부른다. 인간은 불확실성을 피하고 싶어 하는 본능이 있다. 이 때문에

리스크를 과대평가하고, 이미 손에 쥔 것을 놓지 않으려 애쓴다. 그 결과 새로운 도전을 거부하고 스스로 정체를 선택하고 만다.

신중한 태도가 나쁜 것은 아니지만, 현상 유지 편향에 매몰되면 도전하지 않는 상태가 고착화돼 성장의 기회를 놓치게 된다. 커리어 개발의 가장 큰 적은 실패가 아니라 정체다.

인사이동 제안을 받으면, '일도 익숙하고 동료들과도 잘 지내고 있는데, 굳이……'라는 생각에 거절하고 싶은 마음이 든다. 하지만 이동한 부서에서 새로운 기술도 익히고 승진의 기회를 잡을 수도 있다. 변화 대신 현상 유지를 선택한 대가는 생각보다 고통스러울지 모른다.

반면, 이 편향을 자각하는 사람은 변화를 두려워하지 않는다. 불안을 느끼는 것은 당연하지만, 그 너머에 성장이 있음을 이해하며 실패조차 경험으로 받아들인다. 덕분에 신뢰를 얻고, 조직 내에서 두각을 나타낸다.

익숙함에 안주하기는 쉽지만 거기에는 배움도 성과도 없다. 지금 자리에 머무른 채 안주하라는 유혹을 끊어내고 변화를 선택하느냐 아니냐가 당신의 미래를 좌우한다.

062

생존 편향

성공담은
실패로 가득 찬 함정이다

성공한 창업가의 인터뷰 기사를 읽으면 "나도 하면 되겠는데?"라는 근거 없는 자신감이 솟구친다. 소리 없이 사라진 무수한 도전자는 기사 한 줄조차 남지 않는다는 사실은 생각하지 못한다. 화려한 성공담만 접한 사람은 실패자의 존재를 간과하고 성공을 당연한 결과로 치부해버린다.

인간은 '성공 스토리'에 강하게 끌린다. 실패로 끝난 대다수 사례는 언급조차 되지 않은 채 묻혀버리고 오직 살아남은 자의 목소리만 울려 퍼진다. 이로 인해 '저 사람을 따라 하면 나도 성공할 수 있다'라는 편향된 학습의 늪에 빠지고 만다.

이 심리적 함정을 '생존 편향Survivorship Bias'이라고 부른다. 성공한 사람만 부각되고 실패한 사람은 보이지 않기에 발생하는 인지적 편향이다. 결과적으로 성공이 실제보다 훨씬 쉬워 보이는 착각에 빠지게 되고, 이는 비이성적인 판단으로 이어진다.

커리어 형성 과정에서도 이를 경계해야 한다. 초고속 승진을 거듭한 선배의 행동을 마냥 정답이라고 믿으면 '역시 선배처럼 강단 있게 행동해야 좋은 평가를 받는다'라고 오해하기 쉽다. 하지만 현실에서는 그대로 따라 했다가 오히려 평판이 깎여 고배를 마신 사례가 더 많을 수 있다. 살아남은 소수의 성공 결과만 보고 결론을 내리면 크나큰 오판에 이르게 될 것이다.

생존 편향은 영업 전략 측면에서도 전형적인 오류로 나타난다. 가격 파괴로 대형 계약을 따낸 몇몇 사례만 좇다 보면, 이익률 악화로 무너진 기업의 비극은 보지 못한다. 성공의 이면에 숨겨진 실패를 간과하면 함정에 빠지는 것은 시간문제다.

반면, 생존 편향을 꿰뚫어 보는 사람은 보다 시야를 확장할 수 있다. 보편적이지 않은 성공담을 맹신하지 않고, 기록되지 않은 실패를 집요하게 탐색한다. 실패 사례에서 배우는 사람은 리스크를 정확히 가늠하고 현실적인 도전에 나선다.

성공을 분석할수록 보이지 않는 실패의 중요성은 더 커진다. 생존 편향에 현혹되지 않고 성공의 이면에 가라앉은 수많은 패자의 목소리를 떠올리는 사람만이 진정한 성과를 거머쥘 수 있다.

063

확증 편향

불편한 진실보다
믿고 싶은 이야기에 끌린다

보고 싶은 풍경만 잘라 취하는 카메라처럼 인간은 자신에게 유리한 단편만 수집한다. 자신은 전체를 보고 있다고 믿지만, 관점은 이미 편향되어 있다.

신규 사업을 검토하는 회의. 찬성파는 "시장은 성장하고 있습니다. 지금이 바로 투자의 적기입니다!"라며 밝은 면만 강조하고 리스크는 언급하지 않는다. 반대파는 "과거의 실패 사례를 보면 결과는 뻔합니다"라며 성공 사례는 무시한다. 양쪽 모두 사실을 말하는 듯 보이지만, 취사선택된 사실을 말하고 있다는 데 함정이 있다.

사람은 자신의 신념을 뒷받침하는 정보에 안심하고, 반대되는 증거는 불쾌하게 여겨 배척한다. 그 결과 잘못을 깨달을 기회를 놓치고 듣기 좋은 말에만 귀를 기울이며 역시 내 생각이 옳다는 확신을 굳힌다.

이렇듯 믿고 싶은 결론을 보강하는 정보만 수집하고 자신에게 불리한 재료는 무시해버리는 현상을 '확증 편향Confirmation Bias'이라고 부른다. 이는 개인뿐만 아니라 집단의 판단에도 영향을 미쳐, 리스크를 과소평가하고 성공의 가능성을 오판하게 한다.

채용 현장에서도 마찬가지다. 첫인상이 마음에 들면 장점만 찾아내고, 반대의 경우에는 떨어뜨릴 구실만 찾는다. 그 결과 유망한 인재를 놓치거나 부적격자를 채용하는 실수를 범한다.

반면, 확증 편향을 자각하는 사람은 신뢰를 얻는다. 자신에게 불리한 데이터까지 객관적으로 확인하고 반대 의견을 검토해 결론을 내린다. 이런 태도는 판단의 정확도를 높일 뿐만 아니라, 공정한 사람이라는 평가를 낳는다.

확증 편향에 휘둘릴수록 판단은 왜곡된다. 자기 입맛에 맞는 정보만 취하고 있지는 않은지 돌아봐야 한다. 불편한 사실까지 끌어안는 용기야말로 실패를 막는 최고의 전략이다.

064

부메랑 효과

강요는 언제나
역풍을 부른다

불을 끄려고 입김을 부는 순간, 불길이 약해지기는커녕 오히려 거세게 타오를 때가 있다. 사람의 마음도 마찬가지다. 설득하려고 뱉은 말이 오히려 반발심을 부추기는 상황이 벌어지곤 한다.

"이 계약은 무조건 이득입니다"라는 말을 되풀이할수록, 고객은 '저렇게까지 강조하는 걸 보니 오히려 수상하다'라며 경계심을 키운다. 이 기회에 도전해보라고 상사가 열변을 토할수록, 부하는 '억지로 떠맡기려는 것 아닌가?'라는 의구심을 품는다. 강하게 밀어붙일수록 성공에 가까워질 것 같지만, 현실은 정반대로 튕겨나가는 법이다.

인간은 자신의 의지로 판단하고 싶어 한다. 선택의 자유가 위협받는다고 느끼면 본능적으로 반발심이 일어 상대가 원하는 방향과는 정반대의 결론을 내기도 한다.

심리학에서는 이를 '부메랑 효과 Boomerang Effect'라고 부른다. 선의에서 비롯된 열정적인 설득이 상대에게는 오히려 강요로 비칠 수 있다. 이런 이유로, 열정적으로 설득할수록 실패할 가능성이 커지는 것이다.

여백의 미는 설득의 기술에도 적용된다. 후배에게 새로운 기획을 제안할 때, "해볼 만한 가치가 있다고 보지만, 최종 결정은 너의 몫"이라고 말해보라. 자유를 존중받았다고 느낀 후배는 기대보다 더 적극적으로 움직일 것이다.

당신의 말은 상대를 밀어붙이고 있는가, 아니면 상대가 스스로 발을 내디딜 공간을 허락하고 있는가? 부메랑 효과는 설득의 핵심이 나의 말이 아니라 상대의 자유에 있음을 가르쳐준다. 같은 제안이라도 스스로 선택했다고 느끼게 하는 것이 성공적인 설득의 비결이다.

065

넛지 효과

보이지 않게 설계된 선택의 구조

음식점에서 추천 메뉴라고 적힌 요리를 선뜻 주문하고, 편의점에서 '인기 No.1'이라고 표시된 상품을 무심코 집어 든 경험이 있을 것이다. 당신은 자유의지로 선택했다고 생각하겠지만, 사실은 설계자의 계획대로 움직였을 뿐이다.

심리학에서는 이 현상을 '넛지 효과Nudge Effect'라고 부른다. '넛지Nudge'란 '팔꿈치로 슬쩍 찌르다'라는 뜻으로, 강요하는 대신 선택하기 쉬운 형태를 갖춤으로써 행동을 유도하는 방법이다. 예를 들어 급식 코너에서 채소를 자율 배식대 앞쪽에 배치하는 것만으로도 채소 섭취량을 늘릴 수 있다. 직접 촉구하는 대신 자연스럽게 유도하는 것이 특징이다.

조직에서도 이 효과는 강력하게 작동한다. 비품 주문 양식에 최소 수량을 기본값으로 설정해두면 낭비가 줄고, 회의 자료 서두에 요약문을 배치하면 참석자들의 발언이 눈에 띄게 늘어난다. 미미해 보이는 설계가 커다란 행동 변화를 일으키는 것이다.

이는 자기 계발에도 응용할 수 있다. 자격증 교재를 책상 위에 항상 펼쳐두거나, 운동화를 현관에 꺼내두는 등 자신을 향한 넛지 효과를 설계하라. 하기 쉬운 상태를 만들어두면 의지력에 매달리지 않고도 습관을 기를 수 있다.

이 효과의 본질은 인간의 의사 결정이 결코 합리적이지 않다는 점에 있다. 인간은 눈앞에 놓인 선택지에 쉽게 흔들린다. 환경을 살짝 매만지는 것만으로도 행동은 크게 달라진다. 자신의 의지로 선택하는 것처럼 보여도, 선택의 결과는 이미 설계되어 있다는 뜻이다.

넛지 효과를 어떻게 설계하느냐에 따라 상대에게 이익을 안겨줄 수도, 혹은 잘못된 선택을 하도록 유도할 수도 있다. 작은 푸시에 불과하지만, 사람을 움직이는 힘만큼은 결코 작지 않다. 당신 또한 경계심을 늦춰서는 안 된다. 이 효과를 알아차리지 못하는 것은 자유의지를 방기하는 것이나 다름없다.

066

피크 엔드 법칙

마지막 한 수로
기억을 조작하라

회의 과정이 어떠했든, 최종적으로 긍정적인 결론에 도달했다면 좋은 회의였다고 느낀다. 반대로 내내 순조로웠던 회의 막판에 사소한 마찰로 분위기가 흐려지면 험난한 회의로 기억된다. 인간은 전체 경험을 평균 내지 않고 가장 강렬했던 순간(피크)과 마지막 인상(엔드)으로 전체를 판단한다.

심리학에서는 이를 '피크 엔드 법칙Peak-End Rule'이라고 부른다. 여행 도중 예기치 못한 트러블이 있었더라도, 아름다운 경치에 감동하며 마무리하면 최고의 여행으로 추억하게 된다. 하지만 아무리 즐거운 시간을 보냈어도, 마지막에 불미스러운 사건이 터지면 악몽으로 기억된다. 경험의 전체적인 질보다는 절정과 끝, 두 지점의 기억이 평가를 지배하는 것이다.

조직에서도 마찬가지다. 프레젠테이션 도중 다소 미흡한 점이 있었더라도, 마지막을 당당하고 노련하게 매듭지으면 설득력 있다는 평가를 받을 수 있다. 영업 현장에서도 헤어지기 전 밝은 표정으로 건네는 정중한 인사 한마디가 깊은 인상을 남긴다. 반대로, 마무리 단계에 성의 없는 모습을 보이면 공들여 쌓은 탑이 한순간에 무너지고 만다.

이 법칙을 극대화하는 핵심은 마지막 순간이다. 회의를 마치기 전 요점을 정리하고, 고객과 헤어진 후 진심 어린 감사 메시지를 보내는 것만으로도 반전을 노릴 수 있다. "끝이 좋으면 다 좋다"라는 말에는 이렇듯 심리학적 근거가 숨어 있다.

단, 주의도 필요하다. 마지막 인상에만 매몰되어 도중에 발생한 문제를 간과하면 자기 성찰과 개선의 기회를 놓칠 수 있다.

피크 엔드 법칙은 인간의 기억과 평가를 좌우하는 강력한 심리 기제다. 그만큼 어떻게 마무리하느냐가 성패에 큰 영향을 미친다. 인상을 주도적으로 설계하겠다는 의식이 성공의 문을 여는 열쇠가 될 것이다.

사람을 움직이는 것은 명령이 아니라 심리다.
마음 깊이 숨어 있는 스위치를 찾아 누르면 상대를 움직일 수 있다.
다만, 모든 심리 기술은 양날의 검임을 기억하라.
엉뚱한 스위치를 누르면 조직이 붕괴할지 모른다.

Part 5

조직을 장악하는 리더의 기술

067

피터의 법칙

날카로운 실무자도
녹슨 관리자가 된다

"일을 잘해서 승진시켰더니, 팀장이 되자마자 성과가 바닥을 쳤다."

조직에서 흔히 볼 수 있는 이 비극적인 광경을 설명하는 것이 바로 '피터의 법칙Peter Principle'이다. 실력을 인정받으면 승진을 거듭하다가 결국 자신의 능력치를 넘어서는 위치에 도달하게 된다. 조직은 결국 무능한 관리자로 채워질 위험을 내포하고 있는 셈이다.

압도적인 실적을 올리던 직원이 관리자로서의 역량은 그저 그런 이유는, 현장에서 발휘하던 스킬과 관리직에 요구되는 능력이 완전히 다르기 때문이다. 그러나 많은 조직은 "전에도 잘했으니, 앞으로도 잘하겠지"라는 안이한 판단을 내린다. 과거의 성과가 미래의 자격이라는 착각이 최악의 결과를 초래한다.

관리자는 이 법칙을 꿰뚫어 보아야 한다. 누군가를 승진시킬 때는 현재의 능력이 아니라 새로운 역할에 필요한 능력이 있는지 냉정하게 따져보라. 필요하다면 그 직책에 필요한 스킬을 미리 육성해야 한다.

반대로 당신이 승진을 앞두고 있다면, 자신의 주특기가 더는 통하지 않을 수 있다는 사실을 직시하고, 자기 발전을 위해 더 큰 노력을 기울여야 한다.

제도 개선으로도 문제를 해결할 수 있다. 미국 기업들이 도입한 '듀얼 커리어패스'가 좋은 예다. 실무직과 관리직의 승진 경로를 분리해 적성에 맞는 커리어를 선택하게 하는 제도다. 승진 대상자 연수를 통해 매니지먼트 실무를 익히게 하는 것도 갑작스러운 무능화를 막는 방법이다. 승진은 훈장이 아니라, 새로운 출정임을 잊지 말라.

승진 설계를 그르치면 사람도, 조직도 무너진다. 반면, 무능화를 차단하는 구조를 갖춘 조직은 경쟁 우위를 점할 수 있다. 피터의 법칙을 이해하면 강력한 무기를 얻을 것이다.

068

더닝-크루거 효과

빈 깡통일수록
시끄럽다

잘 알지도 못하면서 "그건 별것 아니다"라며 자신만만해하는 사람이 있는가 하면, 뛰어난 실력을 갖추고도 "나는 아직 부족하다"라며 자기를 낮추는 사람이 있다. 이런 역설적인 자기평가 현상을 심리학에서는 '더닝-크루거 효과Dunning-Kruger Effect'라고 부른다.

인간은 의외로 자신의 지식이나 기량을 객관적으로 측정하는데 서투르다. 1990년대 심리학자 데이비드 더닝David Dunning과 저스틴 크루거Justin Kruger의 연구에 따르면, 학업 성취도가 낮은 집단일수록 자신의 수준을 높게 평가하고, 상위권일수록 스스로를 더 엄격히 평가하는 경향이 나타났다. 무능한 사람은 자신을 과대평가하고, 유능한 사람은 자신을 과소평가한다. 문제는 확신의 크기가 실력의 크기와 비례하지 않는다는 점이다.

조직에서도 이런 장면은 낯설지 않다. 어설프게 아는 사람일수록 단호하게 말하고, 그 기세가 의사 결정을 장악하기도 한다. 반면, 깊이 아는 사람은 리스크를 먼저 떠올리며 말을 아낀다. 결국 목소리가 큰 쪽이 주도권을 쥐고, 판단은 확신의 강도에 의해 기울어진다.

관리자의 역할은 이 착시를 간파하는 것이다. 목소리의 크기와 역량을 동일시하지 말고, 주장 뒤에 숨은 데이터와 논리를 확인하라. 동시에 지나치게 조용한 사람에게도 발언의 기회를 열어줘야 한다. 조용함이 곧 무능은 아니다. 역량과 자기평가 사이의 간극을 보정하지 못하면, 조직은 소음에 끌려간다.

제도적으로는 수치와 지표를 기반으로 한 객관적 평가가 필요하다. 성과를 가시화하고 기준을 명확히 해야 과신과 과소평가를 동시에 제어할 수 있다. 그래야 확신만 앞서는 사람도, 지나치게 겸손한 사람도 제자리를 찾는다.

더닝-크루거 효과는 단순한 심리 현상이 아니다. 소음이 실력을 압도하는 순간을 경고하는 법칙이다. 근거 없는 자신감에 휘둘릴 것인가, 아니면 냉정하게 실체를 가려낼 것인가. 그 선택이 조직의 향방을 결정한다.

069

밀그램 효과

권위를 향한 복종은
상식조차 누른다

"앞에 보이는 사람에게 전기 충격을 가하시오."

만약 이런 지시를 받는다면 당신은 어떻게 하겠는가? 1960년대 미국의 심리학자 스탠리 밀그램Stanley Milgram은 이 극단적인 질문을 실험으로 검증했다. 결과는 충격적이었다.

피험자들은 '학습을 위한 것'이라는 설명을 듣고, 다른 방에 있는 사람에게 전기 충격을 가하라는 명령을 받았다. 실제로는 연기였지만, 고통스러워하는 비명을 들으면서도 상당수는 행동을 멈추지 않았다. 이처럼 권위자의 지시에 따라 개인의 양심과 상식이 쉽게 마비되는 현상을 '밀그램 효과Milgram Effect'라고 한다. 인간은 스스로 도덕적이라고 믿지만, 권력이 개입하는 순간 그 판단은 놀라울 만큼 흔들린다.

조직에서도 유사한 장면은 반복된다. 상급자의 강한 어조 한마디에 의문은 사라지고, 터무니없는 방침도 일단 따르게 된다. 직함이 붙는 순간, 말은 의견이 아니라 기준이 된다. 권위는 논리를 건너뛰는 가장 빠른 우회로다.

관리자는 이 심리를 어떻게 다룰지 고민해야 한다. 선택지 중 하나는 권위를 긍정적으로 활용하는 것이다. 예를 들어, 안전 수칙을 준수해야 한다고 공지하면서 최고 책임자의 메시지를 곁들이면 실효성을 높일 수 있다.

단, 리스크 역시 크다는 점도 잊어서는 안 된다. "위에서 시킨 거니까"라며 구성원들이 생각을 멈추는 순간, 부정과 오판이 독버섯처럼 퍼진다. 기업 비리는 윗선의 지시에 의문을 제기하기 어려운 폐쇄적 구조에서 비롯되는 경우가 많다. 권위는 조직을 달리게 하는 추진력인 동시에, 파멸로 치닫게 하는 폭주의 원흉이기도 하다.

그래서 제도의 설계가 중요하다. 반기를 들기 힘든 환경을 방치하지 말고, 안전한 이의 제기 절차를 제도화하라. 회의에서 반드시 반대 의견을 낸다는 규칙을 세우거나, 개별 면담을 일상화해 윗사람에게 직언할 수 있는 루트를 확보해야 한다.

밀그램 효과는 인간의 나약함에 대한 경고이자, 조직을 움직이는 강력한 엔진이다. 관리자는 이 양면성을 꿰뚫어 보아야 한다. 권위를 남을 제압하는 도구로 전락시키지 말고 건전한 조직을 수호하는 힘으로 승화하길 바란다.

070

권위 효과

지위가
허술한 본질을 감춘다

　의사가 말하는 건강 정보는 당연히 옳다고 믿고, 부장님 말씀에는 무조건 고개를 끄덕인다. 이처럼 내용의 본질보다 직함이나 지위를 근거로 신뢰하는 심리 현상이 바로 '권위 효과Authority Bias'다.

　심리학 연구에서도 권위자의 말은 더 큰 설득력을 지닌다는 사실이 밝혀졌다. 인간은 권위의 상징 앞에서 비판적 사고를 멈추고 일단 믿는 경향이 있다. '교수 추천', '의사 공동 개발' 같은 광고 문구를 전면에 내세우는 이유도 바로 여기에 있다.

　이쯤에서 유사한 심리 기제들을 구분해보자. 앞서 살펴본 '밀그램 효과'는 지위와 권력에 굴복하는 심리, '동조 효과'는 주변 분위기에 자신을 끼워 맞추는 심리다. 여기서 다루는 '권위 효과'는 권위자의 의견을 진실이라고 믿어버리는 인지적 착각에 기반한다.

'강압', '편승', '착각'의 차이를 이해하자.

상하 관계가 뚜렷한 조직일수록 권위 효과는 강하게 작동한다. 윗사람의 말은 근거가 빈약해도 의심받지 않는 반면, 아랫사람의 말은 아무리 옳아도 무시되기 일쑤다. 이는 지위가 의견의 무게를 왜곡하는 전형적인 예다.

관리자는 자신의 의견이 비판 없이 수용될 수 있음을 인지해야 한다. 논의 석상에서는 결론부터 던지지 말고, 실무자들에게 발언 순서를 양보하라. "개인적인 의견일 뿐"이라는 단서를 붙여 권위의 무게를 덜어 내는 태도도 중요하다.

권위 효과는 조직의 구성원에게 믿고 따르면 된다는 심리적 안정감을 주는 동시에, 사고 정지 상태로 몰아넣을 위험을 내포한다. 이 때문에 지위가 능동적 사고를 억제하지 못하게 막는 장치가 필요하다.

제도적으로는 계급장을 뗀 의견 수렴 시스템이 효과적이다. 익명 아이디어 공모, 직급을 블라인드 처리한 리뷰, 외부 전문가 검토 등을 통해 오직 내용으로만 평가하는 문화를 정착시켜야 한다. 권위라는 후광을 걷어낼 때 비로소 정답을 찾을 수 있다.

071

하인리히의 법칙

잦은 방귀는
큰 똥의 징조다

심각한 문제는 어느 날 갑자기 터지는 것처럼 보이지만, 그 이면에는 반드시 사소한 실수와 무시된 징후가 겹겹이 쌓여 있다. 이를 증명하는 것이 바로 '하인리히의 법칙Heinrich's Law'이다. 하나의 중대한 사고 뒤에는 29건의 경미한 사고와 사고로 이어질 뻔한 300건의 아찔한 순간이 숨어 있다는 이론으로, '1:29:300의 법칙'이라고도 불린다.

안전 관리 분야의 금언과도 같은 이 법칙은 비즈니스에도 그대로 적용된다. 계약 위반이나 고객 이탈이 발생하기 전에는 반드시 전조 증상이 나타난다. 클레임이 표면화되기 전에는 "설명이 난해하다", "납기가 지연됐다"라는 사소한 지적이 증가한다. 구성원의 이직 문제 역시 마찬가지다. 하루아침에 퇴사를 결심하는 사람은 없다. 평소 나누던 잡담 속에 이미 이런저런 불만이 담겨 있었을 터이다. 결정은 어느 날 갑자기 내려지지만, 고민은 오래전부터 진행되어왔다.

관리자는 이런 징후를 가볍게 넘겨서는 안 된다. 문제가 커지기 전에 막으려면 구성원의 목소리를 귀담아듣고 개선하는 시스템이 필요하다. 사소한 문제라도 회의에서 공유하고, 고객의 피드백을 기록하며, 아랫사람도 편하게 의견을 말할 수 있는 분위기를 조성하라. 이런 노력이 중대 사고의 싹을 자른다.

명심할 점은, 하인리히의 법칙을 책임 추궁이 아닌 예방에 활용해야 한다는 것이다. 실수를 질책하기만 하면 당사자는 그것을 숨기기에 급급해진다. 솔직하게 보고한 사실 자체를 인정해주고 반면교사로 삼아야 한다. 문제를 투명하게 공유하는 문화가 정착될 때 비로소 큰 위기를 피할 수 있다.

큰불을 두려워하기보다, 작은 불씨를 가벼이 여기지 않는 태도가 조직을 지키는 비결이다. 오늘 당신이 발견한 '불씨' 하나를 회의에서 공유해보라. 그것이 혹시 모를 재앙을 막는 첫걸음이 될 것이다.

072

링겔만 효과

모두의 책임은
누구의 책임도 아니다

단체 줄다리기를 할 때, 과연 모두가 전력을 다할까? 결론부터 말하면, 그렇지 않다. 인원이 늘어날수록 '나 하나쯤이야'라는 생각에 은근슬쩍 꾀를 부린다. 이런 심리적 태만을 '링겔만 효과Ringelmann Effect'라고 한다.

이 법칙은 1910년대 프랑스의 농학자 막시밀리앙 링겔만Maximilien Ringelmann의 실험으로 입증되었다. 피험자들에게 줄을 당기게 한 결과, 인원이 늘어날수록 한 사람당 발휘하는 힘은 급격히 작아졌다. 혼자 당길 때는 온 힘을 쏟지만, 8명이 모이면 겨우 절반밖에 힘을 쓰지 않았다. 집단 작업이 반드시 효율적이지만은 않은 이유를 여기에서 찾을 수 있다.

조직에서도 이와 동일한 현상이 나타난다. 회의에서는 '누군가 발언하겠지'라는 생각에 침묵이 이어지고, 프로젝트 담당자가 여럿이면 누구도 주체적으로 움직이지 않는다. 책임이 분산되면 뒷짐을 지는 것이 인간이다.

영리한 관리자는 이 본능을 역이용한다. 회의 참석 인원을 줄여 개개인에게 발언 책임을 지우고, 업무를 배분할 때는 '함께'가 아닌 '제 몫'을 분명히 한다.

물론 대규모 협업이 늘 단점만 있는 것은 아니다. 특히 아이디어 도출 단계에서는 다양한 관점이 시너지를 낸다. 단, 이 경우에도 회의를 진행하고 아이디어를 취합할 책임자를 지목해야 한다.

제도적으로는 '책임의 가시화'가 효과적이다. 프로젝트 공정표에 담당자를 명시하는 사소한 조치가 안일함을 차단한다. 또한 성과를 개인 단위로 평가해 각자의 기여도를 드러내는 것도 좋은 방법이다.

링겔만 효과는 큰 집단에 속할수록 나태해지는 인간의 습성을 적나라하게 보여준다. 심리학에서는 이를 사회적 태만이라 부른다. 팀을 움직이는 핵심은 머릿수가 아닌 명확한 역할과 책임이다. 집단이 주는 안도감이 방심으로 바뀌지 않도록 막는 것이 관리자의 역량이다.

073

'나 아니어도'라는 생각이 입을 막는다

쓰러진 사람을 보고도 아무도 돕지 않고 지나쳐가는 광경을 뉴스에서 본 적이 있을 것이다. 주변에 사람이 많을수록 '누군가 하겠지'라고 생각하며 행동하지 않는 현상을 '방관자 효과Bystander Effet'라고 한다.

이 현상은 1960년대 뉴욕에서 발생한 어느 사건을 계기로 주목받았다. 괴한의 공격을 받은 피해자가 도움을 요청했지만, 다수의 주민이 이를 목격하고도 전혀 신고하지 않았다는 사실이 보도된 것이다. 이 사건은 오보로 밝혀졌지만, 이후 심리학자 비브 라타네Bibb Latané와 존 달리John Darley는 인원이 늘어날수록 책임감이 분산된다는 사실을 실험을 통해 증명했다.

이는 앞서 다룬 '링겔만 효과'와 맥락은 비슷하지만 초점이 다르다. 링겔만 효과가 집단에 속했을 때 최선을 다하지 않는 태만에 초점을 맞췄다면, 방관자 효과는 위기 상황에서 입을 닫는 침묵을 지적한다.

조직에서도 이 현상은 빈번히 목격된다. 회의에서 문제가 제기됐을 때, 참석자가 많을수록 누구도 입을 열지 않는다.

관리자에게는 이 심리를 역이용하는 지혜가 필요하다. "적극적으로 의견을 내주세요"라는 말로는 사람을 움직일 수 없다. "A 님의 의견이 궁금합니다"라고 발언자를 지목하거나, "B 님에게 대응을 위임하겠습니다"라며 담당자를 지명하는 것이 효과적이다. 군중 속에 숨은 개인을 끌어낼 때 행동을 촉구할 수 있다.

방관자 효과의 이면에는 집단에 속한 개인이 느끼는 심리적 안도감이 있다. 혼자 짊어지지 않아도 된다는 안도감이 들면 사람은 게을러진다. 안도감을 유지하는 동시에 책임 소재를 명확히 하는 시스템을 마련해야 한다. 한 사람 한 사람에게 구체적인 역할과 책임을 부여하는 것이 조직을 움직이는 첫걸음이다.

074

집단은
한쪽으로 기울 때 폭주한다

회의가 진행될수록 처음의 신중함은 사라지고, "더 공격적으로 밀어붙여야 한다!", "리스크를 두려워해서는 안 된다!"라며 분위기가 달아오를 때가 있다. 이를 '리스키 시프트Risky Shift'라고 한다. 반대로, 너무 위험하다는 분위기가 퍼지면 불안이 증폭되어 아무도 도전하지 않는 '컨서버티브 시프트Conservative Shift'가 일어나기도 한다. 이처럼 논의를 거치며 의사 결정이 극단으로 치우치는 현상을 '집단 극화Group Polarization'라고 부른다.

심리학에서는 비슷한 생각을 가진 사람들이 모이면 그 의견이 더욱 강화된다는 사실이 잘 알려져 있다. 투자에 우호적인 사람끼리 논의하면 과감히 투자해야 한다는 결론에 도달하기 쉽고, 리스크를 경계하는 사람들 사이에서는 '절대 불가'로 의견이 모이기 마련이다. 비슷한 의견은 집단 내에서 증폭되어, 결국 극단적 판단으로 치닫는다.

관리자에게는 논의가 극단으로 흐르지 않도록 조절하는 능력이 요구된다. 다양한 관점을 지닌 사람들로 회의 참석자를 구성하고, 의견이 한쪽으로 쏠릴 때는 의도적으로 반대 시각을 제시하라. 논의가 편협함의 늪으로 빠져드는 것을 막으려면 인위적으로라도 균형을 잡아야 한다.

이 효과를 긍정적인 방향으로 활용할 수도 있다. 안전 대책이나 컴플라이언스와 관련해서는 신중함의 증폭이 리스크 회피로 이어진다. 신규 사업이나 투자 판단의 영역에서도 끝까지 냉정함을 유지할 필요가 있다.

제도적으로는 중요한 의사 결정 과정에서 반대 의견 검토와 소수 의견 기록을 의무화하는 것이 효과적이다. 논의가 극단으로 치닫기 전에 제동을 거는 시스템이 돌이킬 수 없는 오판을 막는다.

집단 극화는 뜻이 잘 맞을수록 냉정을 잃기 쉽다는 사실을 보여 준다. 논의의 열기를 조절하고 현실적인 판단으로 이끄는 조타수가 위험으로부터 조직을 보호할 것이다.

075

집단 사고

만장일치가
조직을 절벽으로 내몬다

"문제없다", "전원이 찬성하고 있다", "이대로 진행하자"라는 목소리가 힘을 얻으며 어느덧 반대 의견이 자취를 감출 때가 있다. 집단에서 화합을 중시한 나머지 이견을 말살하고 잘못된 결론에 도달하는 현상을 '집단 사고Groupthink'라고 한다.

이 현상이 위험한 이유는 당사자들이 잘 마무리됐다고 착각하는데 있다. 겉으로는 모두가 찬성하는 것처럼 보이지만, 사실은 눈치를 보느라 발언을 자제할 뿐이다. 침묵의 이면에는 '이건 아닌데……', '어차피 말해봤자 소용없겠지……'라는 불신과 체념이 깔려 있다.

조직에서도 이런 현상이 반복된다. 상부의 제안에 이의를 제기하지 못하고 만장일치로 추진된 계획이 뒤늦게 파탄 나는 경우를 예로 들 수 있다. 리스크를 감지하고도 "찬물을 끼얹는 게 더 나쁘다", "이제 와 반대하기 어렵다"라며 입을 닫아버린다. 그렇게 조직은 평화로운 합의를 등에 업은 채 낭떠러지를 향해 전진한다.

관리자의 역할은 이견을 환영하는 분위기를 만드는 것이다. "반대 입장이라면 어떻게 생각할까?", "제삼자의 눈에는 어떻게 보일까?"라고 질문하라. 직급이 낮은 사람에게 먼저 발언할 기회를 주고, 외부 전문가의 의견을 구하는 것도 좋은 방법이다. 침묵을 합의로 간주하지 말고, 다른 의견에 귀 기울이는 태도가 필요하다.

제삼자 의견 청취를 필수화하고, 소수 의견을 회의록에 명기하는 제도를 갖추는 것이 효과적이다. "다른 의견이 있다면 언제든 말해도 좋다", "침묵의 리스크가 더 크다"라는 인식을 공유하는 것만으로도 보이지 않는 압력이 해소된다.

집단 사고는 평화를 위장한 폭주다. 관리자의 역할은 허울 좋은 합의에 안도하는 것이 아니다. 회의를 침묵의 동조로 끝낼 것인가, 아니면 다양한 목소리로 담금질할 것인가? 당신의 선택이 조직의 미래를 좌우한다.

076

호손 효과

보는 눈이 있어야
일할 맛이 난다

1920년대 미국 하버드대학교의 심리학자들은 온도, 조명 등 작업환경이 노동자에게 미치는 영향을 연구했다. 공장 내부의 조도를 높였더니 생산성이 올라갔다. 그런데 조도를 낮춰도 생산성은 여전히 상승했다. 호손 공장에서 진행된 이 실험은 뜻밖의 진실을 밝혀냈다. 생산성을 높인 요인은 작업환경이 아닌, 누군가 자신을 지켜보고 있다는 인식이었다. 이를 '호손 효과Hawthorne Effect'라고 부른다.

이 심리 효과는 동기부여와 직결된다. 인간은 보는 눈이 있을 때 더 집중하고 성과를 내려 애쓴다. 아무리 환경이 좋아도, 보는 눈이 없다는 사실을 깨닫는 순간 해이해진다. 타인의 주시 여부가 행동에 큰 영향을 미치는 것이다.

상사가 일간 보고서를 꼬박꼬박 읽어보는 것만으로도 부하들의 긴장감이 유지된다. 성과를 회의 테이블에 올리는 것만으로도 팀 전체가 활기차게 움직일 동기가 생겨난다. 이렇듯 관심은 생산성을 끌어올린다.

단, 관심의 수위를 조절하는 센스가 필요하다. 적절한 관심은 자발성을 끌어내지만, 도가 지나쳐 감시로 느껴지면 상대를 위축시키고 불신을 조장한다. "이 부분에 관심을 두고 있다"라는 긍정적인 피드백이나 "요즘 업무는 좀 어떤가요?"라는 한마디가 동기부여 요인이 된다.

최근 증가한 재택근무 환경에서는 호손 효과의 부재가 해이로 이어질 수 있다. 사무실과 달리 관심으로부터 멀어지기 쉬운 만큼, 진행 상황을 수시로 공유하고 주기적으로 의견을 나누는 기회를 만들 필요가 있다.

제도 면에서는 성과를 가시화하는 시스템을 구축하는 것이 효과적이다. 업무 현황을 공유하는 대시보드, 코멘트를 남길 수 있는 평가 시스템, 사내 게시판을 통한 칭찬 글 작성 등을 예로 들 수 있다. 관심받는 상태가 기본값인 근무 환경이 생산성을 높인다.

077

피그말리온 효과

누군가의 기대가
가능성을 현실화시킨다

'피그말리온 효과Pygmalion Effect'는 기대가 대상의 가능성을 끌어올리는 현상을 가리킨다. 그리스 신화에 등장하는 조각가 피그말리온은 자신이 조각한 여인상과 사랑에 빠졌다. 여인상을 향해 끊임없이 말을 걸고 애정을 쏟아붓는 피그말리온의 지극한 정성에 감복한 아프로디테는 조각상에 생명을 불어넣어 인간으로 만들었다. 이 일화에서 피그말리온 효과가 유래했다.

심리학계에서는 1960년대 교육 현장에서 이루어진 실험이 잘 알려져 있다. 무작위로 선정한 명단을 교사에게 주고 "지능이 높아 앞으로 성적이 오를 학생들"이라고 전하자, 실제로 그 학생들의 성적이 향상됐다. 교사가 학생들의 잠재력을 믿고 긍정적인 태도로 대하자, 자신감을 얻은 학생들이 학업에 정진해 좋은 성과를 얻은 것이다.

이 효과는 나이와 사회적 위치를 불문하고 작동한다. 나를 믿어 준다고 느끼면 그 기대에 부응하고 싶은 마음이 싹튼다. 그 반대의 경우는 스스로 가능성을 닫아버린다. 너라면 할 수 있다는 믿음을 보내면 상대는 날아오르고, 어차피 무리라고 치부하면 날개를 접고 주저앉는다.

단, 과도한 기대는 독이 될 수도 있다. 기대감을, 실패를 용납하지 않겠다는 의미로 받아들이는 순간, 상대는 압박감을 느낀다. 부담이 아닌 신뢰와 지원의 메시지로 기대감을 전하는 기술이 필요한 이유다.

조직에서도 이 효과를 활용할 수 있다. 키우고 싶은 인재가 있다면, 뒤를 이을 후계자라고 공개적으로 선언하거나 "이 프로젝트를 전적으로 맡겨보자"라고 지지를 구하라. 모든 구성원이 한마음으로 보내는 신뢰는 당사자의 의식과 행동을 바꾸는 강한 원동력이 된다.

피그말리온 효과는 기대가 사람을 성장시킨다는 보편 법칙이다. 실무자의 성장을 믿어 의심치 않는 관리자의 진심이 개인의 가능성을 깨우고 조직을 성공으로 이끈다.

078

골렘 효과

누군가를 무너뜨리고 싶다면,
믿지 않으면 된다

"당신에게는 아무것도 기대하지 않는다"라는 말을 굳이 입 밖으로 꺼내지 않아도, 마음은 태도에 고스란히 드러난다. 하급자는 그 미묘한 기운을 귀신같이 알아차리고는, '어차피 알아주지 않을 것'이라고 단정 짓고 더는 노력하지 않는다. 이것이 바로 '골렘 효과Golem Effect'다.

이는 앞서 살펴본 '피그말리온 효과'와 대척점에 있다. 해낼 능력이 없다고 미리 결론을 내려버리면 당사자는 도전을 포기하고 노력의 양을 줄이며, 급기야 밑바닥 수준의 자기평가를 내리기까지 한다. 부정적인 편견이 상대의 가능성을 꺾어버리는 것이다.

교육 현장에서 이루어진 연구 결과도 이를 증명한다. 교사가 특정 학생에게 공부 못하는 아이라는 선입견을 품으면, 발언 기회를 주지 않고 피드백을 줄이는 행동을 보인다. 결과적으로 학생의 성적은 실제로 곤두박질친다.

조직에서도 마찬가지다. 상급자가 하급자의 능력을 과소평가하면, 업무 범위를 좁히고 도전의 기회를 박탈한다. 신뢰받지 못한다고 느낀 하급자는 의욕을 잃고 성과를 내지 못하는 악순환에 빠지고 만다.

관리자는 선입견을 과감히 버려야 한다. 성과가 지지부진하더라도 아직 성장할 여지가 있다고 바라보는 관점의 전환이 필요하다. 근거 없는 낙관을 요구하는 것이 아니다. 기대에는 반드시 구체적인 지원과 성장의 기회가 수반돼야 한다.

제도적으로는 '꼬리표'를 붙이지 않는 문화를 구축해야 한다. 부정적인 평가를 문서로 남기지 말고, 성과가 낮은 시기에도 도전적인 과제를 부여하라. 정기적인 개별 면담을 통해 자기 인식을 긍정적으로 바꿔주는 것도 중요하다. 일상의 노력이 조직의 성패를 가른다.

079

모두가 고개를 끄덕일 때
위험은 시작된다

회의 중 상급자가 "이 방향으로 진행하지"라고 말하는 순간, 분위기는 찬성 일변도로 흐른다. 속으로는 '정말 괜찮을까?'라는 의구심이 들어도, 누구 하나 반대 목소리를 내지 못한다. 이것이 바로 '애시 효과Asch Effect'다.

집단에 속한 개인은 자기 의견을 고집하기보다 주변에 맞추려 애쓴다. 상대가 권력자이거나 다수인 경우 이 경향은 더 두드러진다. 이는 심리학 실험으로도 증명됐다. 피험자들에게 길이가 다른 세 개의 선을 보여주고 기준선과 같은 길이의 선을 고르라고 요청했을 때, 실험 도우미들이 연이어 틀린 답을 내놓자 피험자 대다수가 자기 눈에 비친 진실을 부정하고 도우미들과 마찬가지로 오답을 택했다.

이는 앞서 다룬 '밀그램 효과'와 궤를 같이한다. 밀그램 효과가 권위자의 명령에 굴복하는 현상이라면, 애시 효과는 스스로 분위기에 편승하려는 심리다. 타의냐 자의냐의 차이만 있을 뿐, 주체적으로 행동하지 못하고 잘못된 선택을 하고 만다는 본질은 같다.

조직에서 애시 효과가 강하게 작동하면 리스크를 지적하는 목소리가 사라진다. 특히 화합을 미덕으로 삼는 문화권일수록 반대 의견을 내는 사람을 분위기 파악 못하는 부적응자 취급하기 쉽다. 겉으로는 원만한 합의가 이뤄진 듯 보이지만, 해소되지 못한 불안은 결국 결정적인 순간에 폭발하고 만다.

더 심각한 문제는 이런 현상이 반복되면 "어차피 말해봤자 소용없다"라는 패배주의가 퍼져나간다는 점이다. 결국 누구도 손을 들지 않고, 도전과 혁신의 싹은 꺾이고 만다. 무조건적인 동조는 일회성 오판에 그치지 않고, 장기적으로 조직의 활력을 앗아간다.

관리자는 동조라는 힘이 조직을 장악하지 못하도록 판을 짜야 한다. 직급이 낮은 사람부터 발언하게 하고, 익명으로 의견을 수렴하며, 반대 의견을 내는 역할을 지목하는 것도 방법이다. 눈치 보지 않고 본심을 말할 수 있는 안전장치를 마련하지 않으면, 조직은 조용히 몰락할 것이다.

080

파킨슨의 법칙

느슨한 시간은 사람을 나태하게 한다

하루면 끝낼 일도, 일주일 뒤가 마감이면 일주일 내내 붙들고 있게 된다. 이는 우연이 아닌 인간 심리의 본성이다. 사람은 여유가 생기면 무의식적으로 작업을 미루고 주어진 시간을 소진할 때까지 업무를 팽창시킨다. 이것이 '파킨슨의 법칙Parkinson's Law'이다.

이 법칙을 제창한 사람은 1950년대 영국의 역사학자 시릴 파킨슨Cyril Parkinson이다. 그는 관료 조직을 분석하며, "일은 주어진 시간만큼 팽창한다"라고 지적했다. 업무 완료에 필요한 시간이 길든 짧든, 사람은 주어진 시간을 끝내 다 쓰고야 만다는 뜻이다.

이 습성은 비즈니스 현장에서 극도의 비효율을 낳는다. 회의 시간을 60분으로 설정하면, 논의가 지지부진하다 종료 직전에야 간신히 결론에 도달한다. 이를 30분으로 단축하면, 논점이 명확해지고 결론이 도출되는 속도 또한 빨라진다. 업무 관리도 마찬가지다. '오늘 중'보다는 '오전 중'이라는 긴박한 시한이 집중력을 높여 생산성을 끌어올린다.

관리자는 업무 마감 기한을 전략적으로 설계해야 한다. 기한을 다소 짧게 설정하면 우선순위가 명확해져 효율이 오른다. 단, 지나치게 촉박한 일정은 피로도를 높이고 실수를 부르므로 적절한 긴장도를 부여하는 감각이 필요하다.

이는 관리 시스템 구축에도 응용할 수 있다. 중간보고 간격을 주 1회에서 격일로 좁히면 다음 보고 전까지 반드시 마무리해야 한다는 긴장감이 업무의 밀도를 높인다.

관리자 본인도 예외는 아니다. 자신의 업무에 대해서도 마감을 세분화해 시간 효율을 끌어올려야 한다.

단, 인간은 동시에 상반된 습성도 지니고 있다. 그것은 '계획 오류'라는 심리 기제다. 작업의 난도를 과소평가해 금방 끝낼 수 있다고 자신하다 결국 마감을 넘기고 마는 것이다. 사람은 여유가 있으면 게으름을 피우고, 반대의 경우에는 낙관적인 착각에 빠진다. 유능한 관리자라면 이 상반된 심리를 동시에 간파해 전략을 세워야 한다.

081

스트루프 효과

너무 많은 정보는
본질을 흐린다

글자의 색을 묻는 간단한 질문에 오답이 속출한다. 빨강이라고 적힌 파란색 글자를 보고는 대부분의 사람이 "빨강"이라고 답했다. 정답을 말한 사람들도 답을 내놓기까지 시간이 걸렸다. 반면, 파랑이라는 글자가 파란색으로 적혀 있을 때는 모두 망설임 없이 정답을 맞혔다. 이처럼 복수의 정보가 서로 충돌하며 인지를 방해하는 현상을 '스트루프 효과Stroop Effect'라고 부른다.

이 현상이 골치 아픈 이유는 절대 틀리지 않겠다고 의지를 다져도 극복하기 어렵다는 데 있다. 색을 식별할 겨를도 없이 뇌가 자동으로 문자를 판독해버리는 바람에 혼란에 빠지고 만다. 이처럼 인간은 의지나 노력만으로는 통제할 수 없는 방식으로 정보에 휘둘린다.

조직의 의사 결정 과정도 마찬가지다. 불필요한 정보가 섞여드는 순간, 본질을 파악하는 능력을 상실한다. 냉정한 상황 분석보다 목소리 큰 사람의 의견이나 집단의 분위기에 휩쓸리는 것도 이 때문이다. 화려한 디자인의 보고서는 핵심 메시지를 가리고, 본론과 무관한 사례가 나열된 기안서는 결재를 늦출 뿐이다.

관리자는 효율적인 정보 처리를 늘 염두에 두어야 한다. 보고서에는 결론과 근거를 서두에 배치하고, 회의 자료에는 수치와 논점만 간결하게 정리하도록 지시한다. 대시보드든, 체크리스트든 불필요한 장식을 없애고 지표에만 집중하라. 노이즈를 걷어내면 의사 결정의 속도와 정확도를 높일 수 있다. 정보를 덜어내는 것은 수고를 줄이기 위한 꼼수가 아니라, 조직의 사고력을 보존하기 위한 전략이다.

제도 면에서도 단순한 구조가 효과적이다. 승인 절차가 복잡하면 의사 결정 속도가 느려지고 책임 소재도 흐려진다. '누가', '언제까지', '무엇을 할 것인가'를 명확히 하는 것만으로도 조직은 훨씬 효율적으로 돌아간다.

082

역할 효과

조직이라는 무대 위, 자리가 사람을 만든다

무대 위 배우는 대본에 따라 움직인다. 조직의 구성원도 이와 다르지 않다. "당신은 관리자다", "당신은 실무자다"라고 역할이 부여되면, 무의식적으로 그에 걸맞게 행동하기 시작한다. 자리가 사람을 만드는 것이다.

이처럼 역할에 따라 행동과 태도가 변화하는 심리적 현상을 '역할 효과Role Effect'라고 부른다. 직함이나 포지션은 인간의 사고와 행동을 조종하고, 성격까지 바꿔놓기도 한다.

조직에서는 이러한 영향력이 더욱 극명하게 드러난다. 신임 관리자가 돌연 위압적인 태도를 보이거나, 직함이 붙는 순간 목에 힘이 잔뜩 들어가는 경우를 종종 보게 된다. 반대로, '하급자'라는 틀에 갇히면, 아무리 뛰어난 실력을 갖췄더라도 발언을 삼가고 소극적으로 행동하게 된다. 이렇듯 역할과 직무는 개인의 성격보다 더 강력하게 행동을 규정한다.

관리자는 역할이 사람을 긍정적인 방향으로도, 부정적인 방향으로도 바꿀 수 있다는 점을 이해해야 한다. 이 심리를 긍정적으로 이용하고 싶다면, 젊은 직원에게 새로운 프로젝트의 리더를 맡겨보라. 역할은 단순히 부여하는 것만으로도 주체성을 끌어올리는 강력한 성장 촉진제로 작용한다.

리스크 역시 무시할 수 없다. 권한을 쥔 자가 폭주해 팀을 억압할 수도, "나는 아랫사람일 뿐"이라며 하급자 스스로 한계를 그어버릴 수도 있기 때문이다.

그래서 제도 설계가 중요하다. 역할을 고정하지 않고 유동적으로 운영하는 것도 하나의 방법이다. 회의 진행을 돌아가며 맡고, 젊은 직원에게 일시적인 책임을 부여하는 식의 장치를 통해 긍정적인 효과를 끌어낼 수 있다.

관리자에 대해서는 권한을 투명하게 행사할 의무를 부여하고 평가 기준을 세워 폭주를 막아야 한다. 무엇보다 본인 스스로 자리에 취해 있지는 않은지 수시로 돌아보는 습관을 지녀야 한다. 역할은 알아차릴 새도 없이 사람을 변하게 하기에, 자기 점검을 게을리하는 순간 위험에 빠진다. 당신이 차고 있는 완장은 당신을 묶는 사슬이 될 수도, 가능성을 여는 열쇠가 될 수도 있음을 기억하라.

083

심리적 안정을 위해
진실을 부정한다

딱히 필요하지 않은 물건을 충동적으로 구매하고서는 "이건 꼭 필요해서 산 거야!"라며 스스로 합리화한 적 없는가? 인간은 자신의 신념과 모순된 행동을 했을 때 심리적 불편함을 느끼며, 이를 해소하기 위해 논리를 수정한다. 이것이 바로 '인지 부조화Cognitive Dissonance'다.

이에 관한 흥미로운 실험이 있다. 학생들에게 지루한 작업을 시킨 뒤, "다음 참가자에게 작업이 재미있었다고 말해달라"라고 요청했다. 그 결과 충분한 보상을 받은 학생들은 자신이 거짓을 말했다는 사실을 쿨하게 인정했지만, 미미한 보상을 받은 학생들은 작업이 실제로 재미있었다고 믿기 시작했다. 불충분한 보상으로 미처 해소되지 않은 심리적 불편함을 떨쳐내고자 거짓을 사실로 바꿔버린 것이다.

이 기괴한 심리 메커니즘은 조직에서도 수시로 작동한다. 자신의 결정에 의문이 제기돼도 "이게 옳다"라고 밀어붙이거나, 공들여 만든 자료가 비판받으면 "그래도 참고할 가치가 있다"라고 자위한다. 이처럼 인간은 자신의 결단과 노력을 보호하기 위해 해석을 비틀어서라도 정합성을 유지하려 애쓴다.

관리자는 이 심리를 이용할 줄 알아야 한다. 하급자에게 자율권을 주고 과제를 수행하게 하면, 스스로 선택한 길이 옳다고 믿으며 적극적으로 임하게 된다. 그렇게 경험이 쌓여 성장으로 이어진다.

단, 인지 부조화가 오판을 고착화하는 위험은 경계해야 한다. 경영상 실책을 옳은 결정이었다고 정당화하기 시작하면 물러설 타이밍을 놓치게 된다. 구성원의 불만을 기분 탓으로 치부해버리면 팀워크가 무너진다. 모순을 견디기 힘들어하는 인간 본성은 안정을 찾기 위해 사실을 왜곡한다는 점을 잊지 말자.

제도적으로는 제삼자의 관점을 끼워 넣는 정기적 리뷰 시스템을 가동할 필요가 있다. 사후 검증이 가능하도록 판단 근거를 기록해두면 정당화의 늪에서 벗어날 수 있다.

인지 부조화는 인간이 심리적 안정감에 얼마나 크게 지배당하는지를 보여준다. 관리자 본인도 그 덫에 걸리지 않도록 늘 깨어 있어야 한다.

인간을 가장 강력하게 지배하는 요소는 높은 지위가 아니라,
바로 자신의 마음이다.
이 사실을 깨닫지 못하면 외부의 유혹과 고통에 맥없이 휘둘리고 만다.
심리 메커니즘을 이해하는 것이 곧 자기 마음의 주인이 되는 길이다.
이해가 깊어질수록 스스로 의욕을 북돋워 앞으로 나아갈 수 있다.

Part 6

욕망을 부추기는
동기부여의 기술

084

동기부여가 조직에 대한 헌신을 만든다

"월급이 오르면 더 열심히 일할 수 있다", "회사에서 인정받으면 일할 맛이 난다"라고 말하는 사람이 많다. 하지만 생각과 달리 보상이나 평가는 의욕을 오래 유지하는 동기가 되기 어렵다. 사람을 움직이는 진짜 힘은 '이 일이 정말 즐겁다' 혹은 '내 성장에 도움이 된다'라고 느끼는 '내재적 동기Intrinsic Motivation'다.

이를 증명하는 심리학 실험이 있다. 아이들을 두 그룹으로 나눠 그림을 그리게 하면서 A 그룹에는 그림을 그린 만큼 선물을 주겠다는 조건을 걸고, B 그룹에는 아무런 말도 하지 않았다. 일주일 후 자유 시간에 아이들이 무엇을 하고 있는지 지켜보니 B 그룹 아이들은 여전히 즐겁게 그림을 그리고 있었지만 A 그룹의 아이 중 그림을 그리는 아이의 수는 오히려 줄어들었다. 외부 보상이 개입하면 좋아서 한다는 감각이 열어지기 때문이다.

이는 조직에서도 마찬가지다. 보너스나 표창은 일시적인 자극이 될 수는 있어도, 반복되다 보면 금세 익숙해져 감흥이 사라진다.

조직에서 의욕적으로 일하는 사람들은 '이 프로젝트는 나를 시험해볼 기회다', '새로운 기술을 배울 수 있다'라며 스스로 내재적 동기를 부여한다. 신규 기획을 맡은 직원이 '힘들겠지만, 내 아이디어를 구체화할 수 있다'라고 느끼면, 초과 근무를 해서라도 일을 추진하려 할 것이다. 반면, '인사고과를 잘 받으려면 어쩔 수 없다'라는 생각으로 임하면, 벽에 부딪히는 순간 의욕은 꺾여버린다.

이 효과를 제대로 활용하려면, 일에서 즐거움이나 성장의 씨앗을 발견하는 것이 무엇보다 중요하다. 후배에게 "이 업무는 강점을 키울 기회"라고 말하면 사기를 진작할 수 있다. 본인 또한 이 일을 통해 무엇을 배울 수 있는가를 생각하면, 타인의 평가에 휘둘리지 않고 안정적으로 의욕을 유지할 수 있다.

물론 외재적 동기부여가 필요 없다는 뜻은 아니다. 보상과 칭찬 역시 중요한 동기부여 요소다. 하지만 그 불씨는 오래가지 않기에, 내재적 동기부여와 결합했을 때 비로소 진가를 발휘한다는 점을 기억하길 바란다.

085

자기 결정 이론

선택권을 주면
만족감은 높아진다

누군가 시켜서 할 때보다 스스로 일을 시작할 때 훨씬 오래, 꾸준히 지속할 수 있다. 시켜서 하는 일보다 자발적으로 시작한 일의 책임이 더 무겁지만, 인간은 스스로 선택했을 때 비로소 진짜 능력을 발휘하기 때문이다. 새로운 프로젝트를 자진해서 맡은 직원은 중도에 난항을 겪어도 주체적으로 문제를 해결해나간다. 반면, 상부의 지시로 프로젝트를 떠맡은 직원은 같은 상황이 벌어졌을 때 "지시받은 대로 했을 뿐"이라며 책임을 회피한다.

'자기 결정 이론Self-Determination Theory'은 인간의 의욕을 끌어올리는 세 가지 요소가 있다고 설명한다. 첫째는 자율성(스스로 선택했다고 느끼는 것), 둘째는 유능감(자신의 능력을 발휘하고 있다고 느끼는 것), 셋째는 관계성(동료와 연결되어 있다고 느끼는 것)이다. 이 조건이 충족되면 외부 보상이 없어도 인간은 자발적으로 노력하게 된다.

조직에서도 이 차이는 극명하게 나타난다. 자격증 공부를 할 때도, 회사에서 시켜서 어쩔 수 없이 시작한 사람은 오래 버티지 못하지만, 자신의 성장을 위해 필요하다고 생각해서 시작한 사람은 시간 가는 줄 모르고 책상맡에 앉아 있게 된다. 점심 메뉴를 정하는 사소한 선택조차, '오늘은 중식당으로 가는 분위기니, 나도⋯⋯'라며 수동적으로 따르기보다, 먹고 싶은 메뉴를 스스로 정할 때 만족감은 더 높아진다. 선택의 크기가 크든 작든, 주체적으로 결정한 행동은 흔들리지 않고 지속할 수 있다.

조직에서 이 효과를 활용하고 싶다면 아랫사람에게 선택권을 부여하는 것이 효과적이다. "A 안과 B 안 중 어느 쪽으로 진행하면 좋을까?"라고 묻는 것만으로도 하급자의 표정은 달라질 것이다. 구성원이 함께 뜻을 모아 결정하면 우리의 선택이라는 의식이 싹튼다. 이는 강력한 동기로 작용해, 업무를 완수하는 끈기로 이어진다.

반대로, 모든 사안을 상명하달로 진행하는 조직의 구성원은 '어차피 내게는 결정권이 없다'라는 박탈감을 느끼며 생각하기를 멈춘다. 수동적인 태도가 굳어지면, 아무리 보상을 늘려도 금세 지치고 만다. 자기 결정권을 빼앗는 행위는 곧 구성원의 능력을 빼앗는 것과 다름없다.

086

욕구 단계 이론

욕구를 읽는 자가
사람을 움직인다

급여가 아무리 높아도 왠지 모를 공허함을 느끼고, 안정적인 생활을 하면서도 '나는 무엇을 위해 일하는가?'라며 방황하는 사람이 있다. 이는 인간의 욕구가 단층적이지 않고 여러 단계로 이루어져 있기 때문이다. 그중 낮은 단계의 욕구가 충족되면 그보다 높은 단계의 욕구가 활성화된다는 이론이 바로 심리학자 에이브러햄 매슬로Abraham Maslow가 제창한 '욕구 단계 이론Hierachy of Needs'이다.

가장 낮은 층은 식사나 수면 같은 '생리적 욕구'다. 이 기본적인 욕구가 충족되면 신체적, 경제적 안전을 확보하고자 하는 '안전 욕구'를 느끼고, 그다음은 사회적으로 연결되거나 집단의 일원이 되고 싶어 하는 '애정과 소속 욕구'로 이어진다. 그 위에는 타인에게 인정받고 성과를 확인받고 싶어 하는 '존중 욕구'가 있으며, 최고점에는 자신의 잠재력을 실현하고자 하는 '자아실현 욕구'가 자리 잡고 있다.

이는 조직에서도 그대로 재현된다. 급여나 대우가 불안정한 시기에는 안정을 갈구하지만, 안정이 확보되고 나면 '신뢰받고 싶다', '내 능력을 시험해보고 싶다'라는 상위 욕구가 발현된다.

성공하는 조직은 구성원의 욕구 단계에 맞춰 환경을 설계한다. 신입 직원에게는 배움의 기회와 연대의 장을 제공하고, 중견 직원에게는 성과를 체감할 수 있는 과제를 부여하며, 그보다 높은 직군에게는 재량권과 함께 도전의 장을 열어줌으로써 의욕이 지속되도록 돕는다.

반면, 구성원의 욕구 단계를 무시하는 조직은 불만이 쌓여 앞으로 나아가지 못한다. 생활이 불안정한 직원에게 자아실현을 권고해봐야 필요성을 느끼기 어려우며, 존중 욕구를 채우고 싶어 하는 직원은 생활 보장만으로는 만족하지 못한다.

인간은 끊임없이 더 높은 욕구를 갈구한다. 하나의 욕구가 채워지는 순간, 새로운 욕구가 고개를 든다. 그러므로 구성원이 현재 어느 단계에 있는지 파악해, 욕구를 충족할 수 있는 환경을 조성하는 것이 중요하다. 당신이 지금 채우고 싶은 욕구는 무엇인가? 그것을 자각하는 것이야말로 의욕을 지속하는 첫걸음이다.

087

동기-위생 이론

불만은 줄이고
성장 욕구는 자극하라

돈만 많이 주면 직원들은 열심히 일하게 되어 있다고 믿는 경영자가 많다. 그러나 그것은 크나큰 착각이다. 급여가 낮으면 불만이 쌓이는 것은 맞지만, 반대로 급여가 높다고 해서 일이 갑자기 즐거워지는 것은 아니기 때문이다. 충분한 보상과 성장하고 있다는 실감은 동일 선상에 있지 않으며, 각각 전혀 다른 원리로 작동한다.

심리학자 프레더릭 허즈버그 Frederick Herzberg 는 인간이 일에서 느끼는 만족과 불만의 요인을 두 가지로 분류했다. 하나는 불만을 줄이는 조건인 '위생 요인'이다. 여기에는 급여, 복리후생, 근무 환경 등이 포함된다. 이런 요인이 채워지지 않으면 불만이 쌓이지만, 충족된다고 해서 일할 의욕이 커지지는 않는다.

또 하나는 의욕을 자극하는 조건인 '동기부여 요인'이다. 성취감, 인정, 성장 기회 등이 여기에 해당한다. 이것들이 채워질 때 인간은 비로소 내면에서 우러나오는 열정으로 일에 매진하게 된다.

이를 조직에 대입하면 쉽게 이해할 수 있다. 여름철 사무실 에어컨이 고장 나면 불쾌지수가 치솟고 업무 효율이 떨어진다. 하지만 에어컨이 다시 작동한다고 해서 더 큰 성과를 내겠다고 결심하는 사람은 없다. 이처럼 위생 요인은 불만을 잠재우는 효과는 있지만, 의욕을 고취하는 힘은 약하다. 반면, 자신의 기획안이 받아들여지거나 새로운 기술을 습득하는 등의 경험은 사람을 앞으로 나아가게 한다.

성공하는 조직은 이 두 요인을 구분해 설계한다. 먼저 위생 요인을 충족해 마음 놓고 일할 수 있는 환경을 만들고, 그다음 동기부여 요인을 자극해 도전과 성장을 지원한다. 불만이 발목을 잡지 않도록 환경을 정비하고, 성장을 실감할 수 있는 무대를 마련하는 것이 핵심이다.

이 둘을 혼동하면 톱니바퀴가 어긋난다. 보상과 의욕이 항상 정비례한다고 맹신하거나, 성취감만 강조하며 안정을 경시하면 조직은 추진력을 잃고 만다. 그 균형을 잡아야 진정한 성공을 거머쥘 수 있음을 기억하라.

088

성취 동기 이론

성취·권력·친화,
욕망의 스위치를 찾아라

똑같은 업무를 수행하더라도 열정을 불태우는 방식은 제각각이다. 목표를 향해 돌진하는 사람이 있는가 하면, 영향력을 행사하고 싶어 하는 사람도 있고, 동료와의 관계를 무엇보다 소중히 여기는 사람도 있다. 이는 단순한 성격 차이가 아니라, 무엇이 동기로 작용하는가의 차이다.

심리학자 데이비드 매클렐런드 David McClelland 는 인간의 행동을 자극하는 세 가지 욕구로 '성취', '권력', '친화'를 꼽는다.

먼저 '성취 욕구'는 목표를 세우고 노력해 성과를 내고자 하는 열망이다. 강한 성취 욕구를 지닌 사람들은 구체적인 목표가 정해지면 집중력을 발휘한다. 둘째는 '권력 욕구'다. 타인에게 영향을 미치고 조직을 움직이고 싶어 하는 마음이다. 리더십을 발휘하는 이

들은 대개 이 욕구에 불이 붙기 쉽다. 셋째는 '친화 욕구'다. 사람들과 좋은 관계를 맺고 갈등을 피하려는 경향이 강해 팀을 화합시키는 타입이 여기에 해당한다.

매클렐런드는 "인간은 누구나 세 가지 욕구를 모두 지니며, 이 중 무엇을 더 강하게 느끼느냐에 따라 행동 패턴이 달라진다"라고 설명한다.

이 차이를 이해하면 조직을 더 효율적으로 움직일 수 있다. 성취감을 느끼고 싶어 하는 사람에게는 도전적인 목표를, 영향력을 갈구하는 사람에게는 의사 결정의 기회를, 인간관계를 중시하는 사람에게는 협동의 장을 마련해줘야 한다. 각자의 욕구에 맞는 자극을 줄 때 의욕을 북돋울 수 있다.

자칫 유형을 잘못 판단하면 역효과가 날 수 있으니 주의가 필요하다. 친화형 직원에게 경쟁심을 부추기면 스트레스만 쌓이고, 권력형 직원의 재량을 제한하면 반발심이 커진다. 또한, 성취형 직원에게 쉬운 일만 맡기면 금세 의욕을 잃고 만다.

사람을 움직이는 정답은 하나가 아니다. 성취, 권력, 친화의 욕구를 정확히 꿰뚫어 보고, 각자의 성향에 맞춰 불을 지펴야 열정의 불길이 꺼지지 않고 타오를 수 있다.

089

미래 자기 연속성

성공한 미래의
모습을 그려라

퇴근 시간을 훌쩍 넘겨 사무실에 앉아 있다 보면, '무슨 부귀영화를 누리겠다고 이 고생을 하고 있나?'라는 자괴감이 들 때가 있다. 바로 그 순간 성공한 자신의 모습을 그려보는 것만으로도 힘을 낼 수 있다. '내년에는 웃을 일이 더 많아질 것'이라고 믿으면 마음가짐도 달라진다. 밝은 미래를 상상하는 것은 현재의 나를 움직이게 하는 원동력이 된다. 이렇게 미래의 자신과 현재의 자신을 얼마나 가깝고 연결된 존재로 인식하는지에 대한 심리학적 개념이 '미래 자기 연속성Future Self-Continuity'이다.

인간은 현재의 쓴맛보다 미래의 달콤함을 원동력으로 삼는 경향이 있다. 지금 당장은 힘들고 괴로워도, '이 고비만 넘기면 몇 년 후에는……' 하고 희망적인 미래를 그릴 수 있다면 참고 견딜 힘이 솟아난다. 인간의 뇌는 상상과 현실을 구별하는 데 서툴러서, 상상의 나래를 펼쳐 체험한 성취감을 노력의 연료로 삼을 수 있다.

자격시험 공부를 할 때도, 막연히 합격을 바라기보다 시험장에서 당당히 걸어 나와 합격을 알리는 자신의 모습을 상상하면 꺾이지 않는 마음을 유지할 수 있다. 미래의 나를 만나러 간다는 마음가짐으로 책상맡에 앉으면 공부하는 습관을 더 쉽게 들일 수 있다. 스포츠 선수가 시상대에 올라 목에 메달을 거는 자신의 모습을 상상하며 가혹한 훈련을 견디는 것도 같은 이치다.

조직에서도 이 효과를 응용할 수 있다. 후배를 격려하고 싶다면, "이번에 좋은 성과가 나오면 우리 팀이 어떻게 달라질 것 같은가?", "앞으로 어떤 모습으로 성장해나가고 싶은가?"라고 물어보라. 수치가 아닌 미래상을 제시하는 방식으로 목표를 공유하면 마음가짐부터 달라진다. "이 프로젝트가 실현되면 고객의 삶이 어떻게 달라질 것인가?"라는 미래지향적 질문은 구성원의 의식을 성장시킨다.

단, 이상만 좇는 것은 위험하다. 실현 가능성 없는 꿈이라는 사실을 깨닫는 순간 사기는 추락한다. 이상을 꿈꾸려면, 거기에 다가가기 위한 구체적인 행동 계획이 수반돼야 한다. 미래를 상상하는 것은 현실을 도피하기 위함이 아닌, 이 순간을 놓치지 않기 위한 노력이다.

090

언더마이닝 효과

돈으로 의욕을
살 수 없다

어린 시절, 그저 좋아서 그림을 그리다가도 "잘 그리면 용돈 줄게"라는 말을 듣는 순간 왠지 흥미가 떨어졌던 경험이 있는가? 즐거움에 몰입했던 행위가 어느 시점부터 보상을 얻기 위한 의무처럼 느껴져 손이 멈춰버리는 현상, 이것이 바로 '언더마이닝 효과Undermining Effect'다.

심리학에서는 의욕의 동기를 두 종류로 구분한다. 외부에서 주어지는 보상에 의한 '외재적 동기'와, 내면에서 샘솟는 즐거움과 호기심에 의한 '내재적 동기'다. 순수한 즐거움으로 시작한 일에 강력한 외부 보상이 더해지면, 뇌는 이를 보상을 위해 하는 일로 재해석하며 호기심을 잃어버린다. 즉, 보상이 의욕을 앗아가는 셈이다.

조직에서도 마찬가지다. 영업 성적에 따라 고액의 인센티브가

지급되면, '얼마를 받을 수 있는가'에 매몰되기 쉽다. 보상이 목적이 되는 순간, 숫자가 논의를 지배하고 구성원 간의 협력은 열어지며 업무의 질은 하락한다.

물론 보상은 강력한 자극제가 될 수 있다. 하지만, 단순히 경제 가치로 치환하기보다는, "당신의 제안이 팀에 좋은 영향을 주었다"라고 노력의 의미를 평가하는 방식이 훨씬 효과적이다. 인간은 자신의 가치를 인정받았을 때 진정한 의욕이 솟아난다.

숫자로만 사람을 움직이는 방식은 실패로 가는 지름길이다. 인센티브는 성과를 일시적으로 올릴 뿐, 지속성을 담보하지 않는다. 보상이 사라지면 의욕도 증발한다. 돈을 주지 않으면 하지 않겠다는 태도는 이미 자발성을 상실했다는 증거다.

진정한 의욕은 좋아하는 일에서 의미를 발견할 때 태어난다. 보상은 그것을 보조하는 수단일 뿐, 목적이 되어서는 안 된다. 보상을 제시하기보다 자부심을 불어넣는 편이 더 높은 수준의 의욕을 유지하는 길이다.

091

셀프 핸디캐핑

핑계 없는 무덤 없고,
핑계 없는 실패 없다

"준비를 제대로 못 했어."

"자료가 아직 완벽하지 않을지도 몰라."

프레젠테이션 직전, 동료에게 괜한 엄살을 피운 적이 있는가? 이른바 '밑밥'을 깔아둠으로써 압박감을 덜고 자신을 보호하려는 심리가 발동한 것이다. 심리학에서는 이를 '셀프 핸디캐핑Self-Handicapping'이라고 한다.

인간은 불안할수록 변명거리를 만들어 평정심을 유지하려는 습성이 있다. 이는 게으름이 아니라 자기방어의 일종이다. 전력을 다하고도 실패했을 때 겪게 될 자존감의 상처가 너무도 두렵기 때문이다. 그 고통을 피하기 위해 일부러 불리한 조건(핸디캡)을 짊어진다. '어제 잠을 설쳐서', '처음 해보는 분야라서' 같은 핑계를 대면

설령 실패하더라도 능력 부족 때문이 아니라고 자위할 수 있기 때문이다.

이 현상은 조직에서도 흔히 나타난다. 상사가 진행 상황을 확인할 때, "시간이 부족했다"라는 말부터 꺼내는 경우가 대표적이다. 당장은 압박감을 줄이는 효과가 있을지 모르나, 이런 패턴이 반복되면 핑계쟁이로 낙인찍힐 수 있다. 그나마 결과가 좋으면 농담으로 끝나지만, 실패하면 곧바로 신뢰 하락으로 이어진다. 자신을 지키려던 행동이 오히려 자신의 가치를 갉아먹는 셈이다.

물론 이 심리 기제도 잘만 활용하면 과도한 긴장을 막는 효과가 있다. '완벽하지 않아도 괜찮다', '나중에 바로잡으면 된다'라고 자신을 다독이면, 불필요한 힘을 빼고 집중력을 높일 수 있다. 핵심은 책임 회피를 위한 구실이 아닌 평정심을 부르는 주문으로 승화시키는 것이다.

핑곗거리를 찾는 습관이 몸에 배면 성장은 멈춘다. 변명 뒤에 숨어 도전을 회피하면 안도감을 얻을지언정 발전은 없다.

인간은 실패가 두려운 나머지 변명거리를 찾는다. 그러나 변명을 걷어낼 때 비로소 진정한 자신감을 얻고 실패의 두려움에서 벗어날 수 있음을 기억하라.

092

허니문 효과

변화의 순간을
도움닫기로 활용하라

새로운 조직으로 옮긴 후 첫 일주일 동안은 출근길에 보이는 모든 풍경이 신선하게 느껴진다. 직함이 달라진 것만으로도 왠지 어깨가 으쓱해지고, 어떤 일이 주어지든 적극적으로 임하게 된다. 그러나 한 달만 지나도 출퇴근길은 다시 평범한 일상이 되고, 일렁이던 마음도 언제 그랬냐는 듯 잔잔해진다.

이처럼 환경이 변할 때 행복감과 고양감이 일시적으로 높아지는 현상을 심리학에서는 '허니문 효과'라고 부른다. 새로운 자극은 뇌를 활성화해 이번에는 잘 할 수 있을 것 같다는 기대를 낳는다. 그러나 뇌는 자극에 금세 익숙해지기 때문에, 일상이 안정될수록 감정의 파도는 잦아들고 열정의 불꽃도 사그라든다.

이직뿐만 아니라 전학, 이사, 인사이동 등 일상 속 모든 변화에서 허니문 효과가 나타난다. 다만, 그 효력이 지속되는 기간은 기껏해야 수개월로, 결국 전과 같은 불만과 타성이 다시 고개를 들기 마련이다. 환경을 바꾸는 것만으로는 인간의 행동 패턴을 완전히 변화시키기는 어려운 이유가 여기에 있다.

성공하는 사람은 이 효과를 의식적으로 활용한다. 허니문 효과가 작용하는 동안을 도움닫기 기간으로 삼아 최적의 환경을 세팅한다. '첫 3주 안에 최대한 인맥을 늘린다', '한 달 안에 나만의 페이스를 찾는다' 같은 구체적인 행동 목표를 세우고 의도적으로 흐름을 만든다.

실패하는 사람의 가장 큰 오류는 그 열기가 영원할 것이라고 착각하는 것이다. 환경을 바꾸면 모든 문제가 해결될 것처럼 느껴지겠지만, 일시적인 자극에만 의존하면 결국 똑같은 벽에 부딪히고 만다.

환경의 변화가 동력을 제공하는 것은 맞지만, 그것은 장거리 달리기를 위한 초반 스퍼트에 불과하다. 허니문 뒤에 무엇을 쌓아가는지가 더 중요하다. 새로운 환경에 변하고자 하는 의지를 더할 때 비로소 당신을 바꿀 수 있다.

093

목표 가속화 효과

목표가 가까워질수록 가속도가 붙는다

여기 스탬프 10개를 모으면 혜택을 주는 적립 쿠폰이 있다. 빈 칸이 단 하나 남게 되면, '이왕 시작한 거, 이번 주 안에 다 채워버리자'라는 생각에 일부러라도 찾아가게 된다. 이처럼 인간은 목표 달성이 가까워지면 행동에 박차를 가한다. 그래서 네 번째, 다섯 번째 도장을 찍을 때보다 마지막 하나를 찍을 때 더 적극적으로 움직인다.

'목표 가속화 효과Goal Gradient Effect'라고 불리는 이 현상은 심리학자 클라크 헐Clark Hull이 쥐 실험을 통해 발견한 심리 기제다. 미로에 쥐를 풀어두고 음식을 찾도록 했더니 음식이 있는 곳에 가까워질수록 쥐가 더 빨리 달리는 모습을 확인할 수 있었다. 목표에 가까워질수록 쥐는 더 빠르게 행동하는데, 인간에게도 비슷한 경향이 있다는 것이다. 목표 달성이 구체적으로 그려지면 뇌가 흥분해 행동에너지를 한꺼번에 쏟아붓는다.

조직에서도 이 현상은 일상적으로 나타난다. "한 건만 더 성사하면 월간 목표 달성"이라는 소식을 들은 영업 담당자는 더 적극적으로 영업 활동에 나선다. 자격시험 공부를 할 때도 마지막 한 챕터만 남았을 때 집중력이 정점에 달한다. 인간은 목표가 저 멀리 있을 때는 느긋하다가도, 코앞으로 다가오면 있는 힘껏 가속페달을 밟는다.

이 효과를 활용하면 조직의 추진력을 극대화할 수 있다. 처음부터 원대한 목표를 세우기보다는, 작은 목표를 단계적으로 달성해나가는 것이 효과적이다. "전체 공정 중 80%가 완료됐습니다", "앞으로 딱 두 단계 남았습니다"라는 식으로 진행 상황을 가시화하면 구성원은 알아서 속도를 높인다.

단, 목표 달성 직후에 찾아오는 번아웃에는 주의가 필요하다. 전력으로 질주해 결승선을 통과한 순간, 모든 에너지가 소진돼 단한 걸음도 떼지 못하는 상태에 빠질 수 있다.

인간은 "거의 다 왔다!"라는 한마디면 젖 먹던 힘까지 짜낸다. 결승선을 촘촘히 배치하는 것이야말로 조직을 지치지 않고 달리게 하는 원동력이 될 것이다.

094

부여된 진행 효과

진척됐다는 착각이
사람을 움직인다

매장에서 받은 스탬프 카드에 도장이 하나라도 찍혀 있으면 이미 시작됐다는 느낌이 든다. 아직 아무것도 하지 않았지만 이미 찍힌 도장을 보는 것만으로도 목표 달성이 멀지 않게 느껴져 나머지 빈칸도 채우고 싶은 의욕이 인다. 이처럼 인간은 타인에 의해 진척된 상황마저 자신의 성과인 양 착각해 동기를 얻는다.

이런 현상은 조직에서도 흔히 목격된다. 새로운 업무를 맡아야 할 때, "70% 정도 진행된 상태다", "마무리 단계만 남았다"라는 말을 들으면 한결 마음이 가볍다. 백지상태에서 시작하는 것보다 부담이 덜하기 때문이다.

반대로, 종착지가 너무 멀게 느껴지면 처음 한 걸음조차 떼기 어렵다. 앞으로 나아가는 느낌이 들지 않으면 인간은 그대로 멈추고 만다.

인간의 행동을 끌어내는 필수 조건은 '될 것 같다'라는 가능성이다. 목표까지 머지 않았다는 확신이 서면, 뇌는 의욕에 불을 댕긴다. 카페에서 배포하는 적립 쿠폰에 스탬프 한두 개를 미리 찍어뒀을 때 혜택 달성률이 비약적으로 올라가는 현상이 이를 증명한다. 단순히 진행 중인 것처럼 '보이게' 만드는 것만으로도 의욕은 지속된다.

이 메커니즘을 최초로 입증한 인물은 심리학자 조지프 누네즈Joseph C. Nunes와 그자비에 드레즈Xavier Drèze다. 그들의 실험에서도 처음부터 스탬프가 찍혀 있는 카드를 받은 쪽이 빈 카드를 받은 쪽보다 훨씬 빠르게 목표를 달성했다. 채워야 하는 스탬프의 개수는 10개로 동일했지만, 이미 시작됐다는 인식이 행동의 트리거가 되었다.

이 효과를 제대로 활용하려면, 프로젝트의 진행 상황을 수시로 공유하고 가시화하는 것이 중요하다. 단, 실적을 부풀리거나 순항 중인 척 거짓 보고를 한다면 신뢰를 잃을 수 있다. 진행 상황을 정확히 알려 나아가고 있다는 실감을 공유하는 것이 핵심이다. 전진하고 있다는 감각이 의욕을 고취하는 열쇠다.

095

일의 순서를 바꾸면
여유 시간이 생긴다

'오늘도 정신없이 바빴는데, 정작 아무것도 한 게 없다.'

이런 경험이 누구에게나 있을 것이다. 많은 사람이 바쁨을 노력의 증거로 착각하지만, 바쁘게 시간을 보내는 것과 성과를 내는 것은 별개의 문제다. 중요한 것은 일에 우선순위를 매기는 것이다. 여기서 어긋나면 아무리 애써도 결실을 얻을 수 없다.

시간 관리의 기본은 '긴급성'과 '중요성'을 구분하는 것이다. 메일 회신이나 보고서 작성은 긴급할지 몰라도, 중요한 일은 아닐 수 있다. 반대로, 기획 입안이나 인재 육성은 당장 급하지는 않아도, 그 중요성은 매우 크다. 많은 사람이 발등에 떨어진 불을 끄는 데 급급해 중요한 일을 뒤로 미루고 만다. 바로 이것이 성과를 가로막는 최대 원인이다.

성과를 내는 사람은 중요하지만 긴급하지 않은 업무부터 처리한다. 자료 작성이나 전략 수립과 같이 본질적인 업무를 오전 중에 처리하면 하루를 주도적으로 운영할 수 있다. 반면, 아침부터 메일 확인 같은 단순 업무에 시간을 쏟아부으면 종일 쫓기듯 일할 수밖에 없다.

영업을 예로 들면, 클레임 처리나 납기 조정은 긴급한 업무, 신뢰 관계 구축이나 제안 활동은 중요한 업무로 구분할 수 있다. 전자에 집중적으로 시간을 투자하면 급한 불은 끌 수 있지만, 성과의 기반을 다질 수 없다. 반면, 후자를 우선시하면 긴급하게 대응해야 할 일 자체를 줄일 수 있다.

성공하는 사람의 스케줄에는 반드시 생각하는 시간이 포함되어 있다. 일정을 빽빽하게 채우지 않고 의도적으로 공백을 두는 것이다. 그 짧은 여백은 우리 뇌가 정보를 정리하고 새로운 아이디어를 낳도록 돕는다. 얼핏 보면 여유로워 보일지 몰라도, 가장 생산적인 시간이 바로 생각하는 시간이다.

반면, 금방 끝나는 일부터 손대는 습관은 실패를 부른다. 많은 일을 한 것 같지만, 본질적인 진전은 조금도 없기 때문이다. 할 일을 줄이기보다, 일에 우선순위를 매기는 것이 시간을 성과로 바꾸는 첫걸음이다.

096

스몰 스텝 전략

숟가락질도 계속하면 땅을 뚫는다

상사가 신입 사원에게 "전화 한 통만 걸어보자"라고 말한다. 불과 전화 한 통이지만, 지시를 완수한 신입 사원은 뿌듯함을 느낀다. 해냈다는 기쁨이 자신감을 키워 어느새 10통, 20통의 전화를 걸 수 있게 된다. 시작은 어려워도, 일단 움직이기 시작하면 가속도가 붙는다. 이것이 바로 '스몰 스텝 전략Small Step Strategy'이다.

인간의 의욕은 성공 경험을 거듭할수록 커진다. 심리학에서는 이를 '자기효능감'이라 부르며, 성취감을 느끼는 경험이 할 수 있다는 확신으로 이어진다고 설명한다. 처음부터 거대한 목표를 내걸면 중도에 포기하기 쉽지만, 목표를 잘게 쪼개면 끝까지 해낼 가능성이 커진다. 마라톤을 완주하겠다고 결심하기보다 반환점까지만 달리자고 마음먹는 쪽이 발을 내딛기 수월한 것과 같은 이치다.

조직의 구성원도 마찬가지다. 느닷없이 "이번 분기 매출을 두 배로 올려라"라는 지시가 내려온다고 해서 의욕이 샘솟을 리 만무하다. 반면, "신규 거래처 세 곳만 뚫어보자"라는 현실적인 목표를 제시하면, 달성했을 때 성취감을 온몸으로 느끼며 다음 목표를 향해 나아갈 자신감을 얻는다. '하면 된다'라는 명제를 뇌가 참으로 받아들이면 다음 행동이 한결 수월해지고, 쌓인 경험이 자신감을 북돋아 행동의 연쇄반응을 일으킨다.

성공하는 리더는 성공 경험의 축적을 의도적으로 설계한다. "첫 보고서를 완성했군!", "첫 계약을 따냈군!" 하고 작은 성공을 치하함으로써 성공의 감각을 각인시켜 부하의 자기효능감을 높인다. 결과를 평가하는 것이 아니라, 목표를 향해 움직인 점을 인정하는 것. 이 차이가 구성원의 의욕을 높게 유지하는 비결이다.

반면, 무작정 높은 목표를 들이대며 '결과가 나오면 평가하겠다'라는 식의 태도는 구성원의 사기를 떨어뜨린다. 성취감을 느끼지 못하면 꾸준히 노력할 수 없고, 어차피 달라지지 않는다는 무력감을 느끼는 순간 가슴은 차갑게 식어버린다. 작은 성공을 가벼이 여기지 않고 착실히 쌓아가는 것이야말로 가장 빠르게 목표에 도달하는 지름길이다.

097

플로 이론

몰입을 설계하면 성과는 따라온다

작업에 완전히 몰입했다가 정신을 차려보니 시간이 훌쩍 흘러 있고, 피로나 허기조차 느껴지지 않았던 경험이 있는가? 고도의 집중 상태에서 시간 감각이 사라지는 경험은 특별한 사람만의 전유물이 아니다. 스포츠 선수가 '존Zone'에 들어갔을 때처럼, 평범한 사람도 업무에 몰두하는 과정에서 무아지경에 빠질 수 있다. 심리학자 미하이 칙센트미하이Mihaly Csikszentmihalyi는 이런 극도의 몰입 상태를 '플로Flow'라고 명명했다.

플로는 과제의 난도와 자신의 능력이 균형을 이룰 때 일어나는 심리 현상이다. 과제가 너무 쉬우면 지루함을 느끼고, 너무 어려우면 불안에 빠지지만, 그 중간 어딘가 조금만 팔을 뻗으면 닿을 법한 목표를 마주할 때 인간은 놀라운 집중력을 발휘한다.

플로에 진입하면 의식은 결과가 아닌 과정을 향한다. 성패를 의식하지 않고 눈앞의 한 수 한 수에 몰두하면 사고는 투명해지고 판단은 날카로워진다. 마치 시간이 멈춘 듯한 이 일종의 황홀경은 창조적인 결과물의 원천이 된다.

성과를 내는 사람은 이 상태를 의도적으로 설계한다. 집중할 수 있는 시간대를 정한 다음, 스마트폰 알림을 끄는 등 타인의 방해를 차단한다. 자신의 능력보다 조금 어려운 과제를 선택하고, 작업을 작은 조각으로 나눠 성취감을 쌓아가는 방식으로 더 쉽게 몰입할 수 있는 환경을 조성한다.

실패하는 조직은 정반대의 구조로 이루어져 있다. 빈번한 회의, 자잘한 보고, 끊이지 않는 메신저 알림 등 몰입의 맥이 끊기면 플로는 무너지고, 완성도 낮은 결과물만 쌓여간다. 바쁘기만 하고 생산성이 오르지 않는 것은 몰입의 결핍 때문이다. 억지로 의욕을 끌어올리려 하기보다, 집중을 방해하지 않는 시스템을 만드는 것이 더 중요하다.

098

프리맥의 원리

즐거움을 미끼로
행동을 길들여라

'이것만 끝내고 커피 한 잔 마셔야지', '보고서 다 쓰면 동영상 하나만 볼까?'라고 생각하면 조금 더 힘을 낼 수 있다. 누구나 한 번쯤 경험했을 법한 이 동기부여 효과는 심리학적으로도 증명된 원리다. 하고 싶은 일을 하기 싫은 일 뒤에 배치하는 것만으로도 완주할 동력을 얻는다. 이것이 바로 행동심리학자 데이비드 프리맥 David Premack 이 제창한 '프리맥의 원리 Premack's Principle'다.

프리맥은 아이들에게 "숙제를 끝내면 TV를 봐도 좋다"라고 말했을 때 어떤 반응을 보이는지 관찰했다. 결과는 뜻밖이었다. 아이들은 좋아하는 일(TV 보기)을 하기 위해 싫어하는 일(숙제)을 순순히 받아들였다. 이 실험을 통해, 의욕을 북돋우는 데는 별도의 물질적인 보상을 제시하기보다 행동의 순서를 조정하는 편이 더 효과적임을 알 수 있다.

조직에서도 이 원리는 통한다. '서류 정리를 마치면 동료와 차 한잔하며 수다라도 떨어야겠다'라고 마음먹으면 일이 조금은 수월해진다. 즐거움을 예약해두면, 뇌가 거기에 빨리 도달하기 위해 작업 속도를 높인다. 거창한 보상이 아니어도 상관없다. 소소한 즐거움을 행동의 결과와 연결 짓는 것만으로도 충분하다.

단, 보상을 지나치게 크게 설정하는 것은 금물이다. '이 일을 끝내면 비싼 식당에서 점심을 먹겠다' 같은 과한 설정은 목적을 변질시킨다. 보상이 되는 행동 자체가 목적이 되면 의욕을 오래 유지하기 어렵다. 프리맥의 원리는 어디까지나 좋은 습관을 들이기 위한 유도책으로 활용하는 것이 바람직하다.

성공하는 사람은 자기 안에 작은 즐거움을 설계한다. 그 즐거움을 지루하고 고된 과정 뒤에 배치함으로써 앞으로 나아갈 추진력을 얻는다. 자신의 의지력을 과신하지 않고, 구조의 힘을 빌리는 것이다. 일할 맛이 나지 않는 날일수록 목표 지점에 자신을 위한 보상을 준비하라. 의지가 아닌 순서가 행동을 바꾼다.

099

데드라인 효과

발등에 불이 붙어야
추진력을 얻는다

마감 전날 밤, 평소와 달리 손이 거짓말처럼 빠르게 움직이는 경험을 한 적이 있는가? 시곗바늘을 보며 시간이 얼마 남지 않았음을 깨닫는 순간, 뇌 속의 스위치가 순식간에 켜진다. 지독하게 무겁던 몸이 가벼워지고 집중력은 정점으로 치솟는다. 인간은 막다른 곳에 몰렸을 때 비로소 본연의 힘을 발휘한다. 이 현상을 설명하는 심리학 이론이 바로 '데드라인 효과Deadline Effect'다.

심리학에서는 시간적 제약이 집중력을 높인다고 본다. 남은 시간이 줄어들수록 지금 당장 해야 한다는 의식이 강해지고, 행동의 우선순위가 명확해지는 것이다. 반대로, 기한이 없는 일은 뒤로 밀려나기 마련이다. 여유는 나태를 부르지만, 구체적인 시한은 행동을 재촉한다.

기한을 명확히 설정하는 것만으로도 조직의 성과는 달라진다. '언젠가'가 아니라 '오늘 17시까지'라는 데드라인이 업무 속도를 비약적으로 끌어올린다. 마감 기한은 위협이 아니라 의식을 한곳으로 모으는 시스템이다.

데드라인은 제대로 활용하면 조직의 추진력을 높이는 도구가 된다. 합리적인 기한 설정은 효율을 높이기에 적절한 긴장감을 만든다. "하루 앞이다", "이제 3시간 남았다"라고 서로 독려하며 마음을 하나로 모으면 고도의 집중력을 발휘하게 된다. 이때 목표를 작은 단위로 나누는 '스몰 스텝 전략'을 접목하면 지치지 않고 더 빨리 목표에 도달할 수 있다. 장거리를 완주하는 비결은 멀리 있는 결승점보다 눈앞의 구간 기록에 집중하는 것이다.

단, 데드라인 효과를 남용하면 역효과가 난다. "서둘러라"라는 말에 항상 쫓기면 정신은 피폐해지고, 기한에 대한 두려움만 커진다. 데드라인은 채찍이 아니라 의욕을 깨우는 알람이어야 한다.

남은 시간을 선명하게 의식할수록 현재에 더 집중할 수 있다. 마감이란 우리를 괴롭히는 장애물이 아니라, 앞으로 나아가게 만드는 이정표다. 끝을 아는 것이야말로 진정한 시작을 가능케 한다.

100

기억을 재점화하는
방아쇠를 당겨라

스마트폰 알림이 울리는 순간, '아, 맞다!' 하고 머릿속에서 불이 반짝 켜지는 경험을 한 적이 있을 것이다. 중요한 약속, 읽지 않은 메일, 업무 마감 등 잊고 있던 일들이 한꺼번에 떠오른다. 순간의 자극이 멈춰 있던 의식을 재가동하는 것이다. 인간의 기억은 자신의 의지보다 외부 환경에 더 큰 영향을 받는다. 그래서 외부적인 자극이 기억을 떠올리는 계기로 작용한다. 이것이 '리마인더 효과Reminder Effect'다.

우리가 평소 모든 정보를 기억하고 있지 않은 이유는 기억을 완전히 잃었기 때문이 아니다. 떠올릴 계기가 없었을 뿐이다. 뇌는 필요한 정보를 항상 기억하는 대신, 자극을 받았을 때 끄집어내는 시스템으로 만들어져 있다. 나중으로 미룬 일을 결국 잊어버리고 마는 이유가 여기에 있다. 기억을 떠올릴 수밖에 없는 장치를 마련해 둬야 의욕의 스위치를 다시 켤 수 있다.

조직에서도 이 효과를 활용할 수 있다. 목표 수치를 화이트보드에 적어두는 것만으로도 구성원의 행동이 달라진다. 회의에서 목표를 반복적으로 공유하는 것도 단순한 보고를 넘어 의욕에 다시 불을 붙이는 장치라고 할 수 있다.

후배의 업무에 관심을 기울이는 것도 리마인더로 작용한다. "그건은 어떻게 됐나?"라는 한마디에 잊었던 과제가 불현듯 떠오른다. "진척 상황은?"이라는 질문은 감시가 아닌 기억의 환기다. 기억을 떠올리는 빈도가 높을수록 행동의 지속성도 상승한다. 결국 잊어버리지 않는 사람이 아니라 자주 떠올리는 사람이 성과를 낸다.

단, 리마인더가 지나치면 역효과를 낼 수 있다. 알림과 경고가 쉴 새 없이 쏟아지면 뇌는 이를 소음으로 간주해 차단해버린다. 나중에 확인하려고 미루는 순간 기억은 희미해진다. 빈도와 간격의 균형점을 찾는 것이 리마인더를 효율적으로 활용하는 열쇠다.

행동력의 차이는 의지의 강도가 아닌, 기억의 설계에서 비롯된다. 자신의 의지에 기대지 말고, 기억을 떠올릴 수밖에 없는 환경을 구축하는 것이 멈추지 않고 전진하는 가장 현실적인 방법이다.

참고 문헌

『悪用禁止！ 効きすぎて危ない！ 裏心理学大全』 齊藤勇 監修 （宝島社）

『相手の心を読む！ 透視心理学大全』 齊藤勇 監修 （宝島社）

『悪用禁止！ 悪魔の心理学』 齊藤勇 監修 （宝島社）

『ひみつの心理学 人の心が思いのままになる』 齊藤勇 監修 （宝島社）

『悪用禁止！ 悪魔の心理操作術』 齊藤勇 監修 （宝島社）

『心の闇が見える！？ 悪魔の心理テスト』 齊藤勇 監修 （宝島社）

『思いのままに人をあやつる心理学大全』 齊藤勇 監修 （宝島社）

『思いのままに人をあやつるモノの言い方大全』 齊藤勇 監修 （宝島社）

『シャーロック・ホームズはなぜ外見だけで人を見抜けるのか？』 齊藤勇 著 （宝島社）

『本当は怖い心理学』 齊藤勇 監修 （イースト・プレス）

비즈니스에 유용한 심리 기술 100 요약집

감정 휴리스틱	의사 결정 과정에서 객관적 사실이 아닌 감정에 이끌려 판단하는 심리적 경향
계획 오류	발생 가능한 변수를 과소평가해 지나치게 낙관적으로 계획을 세우는 심리적 편향
골렘 효과	타인이 나에게 낮은 기대를 할 때 실제로 성과나 능력이 저하되는 부정적 심리 현상
공정한 세상 오류	행위가 반드시 도덕적으로 공정하고 적절한 결과로 이어질 것이라고 믿는 인지적 편향
공포 소구	불안감과 공포심을 부추겨 메시지의 수용성을 높이는 커뮤니케이션 전략
권위 효과	전문가, 유명인 등 사회적 지위가 높은 이들의 말을 내용과 관계없이 신뢰하는 심리적 경향
내재적 동기부여	외부의 보상 없이 활동 자체에서 즐거움을 느껴 스스로 행동하게 만드는 내면의 동기를 부여하는 현상
넛지 효과	직접적으로 제안하기보다 선택하기 쉬운 형태를 갖춰 행동을 유도하는 효과
단순 노출 효과	노출이 반복될수록 대상에 대한 호감도가 높아지는 현상
대비 효과	앞서 제시되었거나 동시에 노출된 정보에 따라 뒤따르는 대상의 평가가 달라지는 현상
더닝-크루거 효과	능력이 부족한 사람은 자신을 과대평가하고 능력이 뛰어난 사람은 자신을 과소평가하는 심리적 경향
데드라인 효과	업무에 마감이 설정되어 있을 경우, 마감에 임박해 집중력과 효율성이 극대화되어 성과가 향상되는 현상
도어 인 더 페이스 전략	처음에 터무니없는 큰 부탁을 해 거절당한 후 원래 의도했던 작은 부탁을 제시하여 승낙을 유도하는 설득 기법

동기-위생 이론	직무 만족을 유발하는 '동기 요인'과 불만족을 막는 '위생 요인'이 독립적으로 작용한다는 이론
동조 효과	개인이 집단의 압력이나 다수의 의견에 맞춰 자신의 행동을 바꾸는 현상
디폴트 효과	사람들이 별도의 선택을 하지 않을 때 처음 제시된 설정값을 바꾸지 않고 그대로 받아들이는 현상
라벨링 효과	사람이나 사물에 특정한 꼬리표를 붙일 때, 해당 라벨의 특성에 맞춰 행동하거나 인식되는 현상
라포	신뢰를 바탕으로 형성된 유대 관계가 소통과 협력을 극대화하는 현상
로우볼 기법	처음에 매력적인 조건을 제시해 승낙을 얻어낸 후 나중에 불리한 조건을 제시해 협상을 유리한 방향으로 이끄는 설득 기법
리마인더 효과	잊고 있던 기억이 외부적 자극에 의해 다시 떠오르는 심리적 현상
링겔만 효과	집단의 구성원 수가 증가할수록 오히려 1인당 생산성이나 공헌도가 떨어지는 현상
매몰 비용 효과	이미 지출해 회수할 수 없는 비용(매몰 비용)에 얽매여 비합리적인 선택을 고수하는 심리적 오류
머피의 법칙	'잘못될 수 있는 일은 반드시 잘못된다'라는 의미로, 일이 의도하지 않은 나쁜 방향으로 진행될 수 있음을 뜻하는 법칙
메라비언 법칙	대화에서 상대방에게 전달되는 호감이나 인상이 말의 내용보다 표정, 말투 등 비언어적 요소에서 결정된다는 법칙
목표 가속화 효과	목표에 가까워질수록 성취 욕구가 강해져 더 적극적으로 행동하게 되는 심리적 경향
미래 자기 연속성	미래의 자신과 현재의 자신을 얼마나 가깝고 연결된 존재로 인식하는지에 대한 심리적 개념
미러링 효과	상대방의 말투, 몸짓, 행동 등을 무의식적으로 거울처럼 따라 하는 현상
밀그램 효과	권위자의 명령에 따라 개인의 양심과 상식이 쉽게 마비되는 현상
바넘 효과	보편적이고 모호한 성격 묘사를 자신만의 고유한 특성으로 받아들이는 심리적 경향

방관자 효과	주변에 목격자가 많을수록 위급한 상황에 처한 사람을 돕지 않거나 침묵하게 되는 현상
베블런 효과	높은 가격이 과시욕을 자극해 가격이 오를수록 오히려 수요가 증가하는 현상
벤저민 프랭클린 효과	자신에게 도움을 준 사람보다 도와준 사람에게 더 큰 호감을 느끼는 심리 현상
부메랑 효과	던진 부메랑이 돌아오듯, 의도와는 달리 설득 대상이 정반대 입장을 취하게 되는 현상
부여된 진행 효과	목표를 향해 나아갈 때, 이미 일정 부분이 진행되었다고 인식하면 남은 과업을 완수하려는 동기가 더 강해지는 현상
사회적 증명	불확실한 상황에서 다른 사람의 행동과 의견을 따라 자신의 선택을 정당화하는 현상
사후 확증 편향	어떤 일의 결과를 확인한 후 마치 사전에 결과를 예측할 수 있었던 것처럼 생각하는 인지적 편향
생존 편향	성공하거나 살아남은 데이터에만 집중하고 실패한 데이터를 간과해 잘못된 결론을 내리는 논리적 오류
서브리미널 효과	인간이 의식하지 못하는 미세한 자극이 잠재의식에 작용해 감정이나 행동을 유도하는 심리 현상
선택 과부하	너무 많은 선택지가 주어졌을 때 오히려 결정에 어려움을 겪거나 심리적 피로를 느끼는 현상
성취 동기 이론	인간의 행동이 성취, 권력, 친화라는 세 가지 동기 요인에 의해 이루어진다는 이론
셀프 핸디캐핑	성공이 확실치 않을 경우, 실패했을 때 겪게 될 고통을 피하기 위해 일부러 불리한 조건을 강조하는 자기방어 기제의 일종
손실 회피 편향	같은 이익과 손실을 볼 경우 이익의 기쁨보다 손실의 괴로움이 더 크게 느껴지는 인지적 편향
수면자 효과	처음에 신뢰하지 않았던 정보가 시간이 지나며 출처에 대한 불신은 사라지고 메시지만 남아 설득력을 얻게 되는 현상
스노브 효과	대중이 소비하는 재화에 대한 소비를 거부하고, 희소성 있는 제품을 선호하는 소비 심리

스몰 스텝 전략	큰 목표를 잘게 쪼개 동기와 자기효능감을 높이는 행동 전략
스트루프 효과	복수의 자극이 동시에 주어졌을 때 서로 충돌하며 인지를 방해하는 현상
스포트라이트 효과	타인이 자신에게 쏟는 관심이나 시선을 실제보다 훨씬 과도하게 인식하는 경향
시간 관리 매트릭스	일의 긴급성과 중요성을 구분해 긴급한 일보다 중요한 일을 우선시하는 일 처리 방식
애시 효과	집단이 한 목소리를 낼 때 자기 의견을 고집하지 않고 주변에 동조하는 현상
앵커링 효과	처음 접한 정보가 기준점이 되어 이후의 판단과 의사 결정에 영향을 미치는 인지적 편향
양자택일 효과	자신의 의지라고 믿지만 제시된 두 가지 선택지에 결정이 매이는 현상
언더마이닝 효과	즐거워서 하던 일에 외부 보상이 개입하면 오히려 내재적 동기가 감소해 일을 열심히 하지 않게 되는 현상
여키스-도슨 법칙	지나친 긴장감은 악영향을 미치지만 적절한 긴장감이 성과를 극대화하는 현상
역할 효과	같은 사람이라도 역할에 따라 행동과 태도가 변화하는 심리적 현상
연대감 원칙	일체감과 동일성을 내세워 메시지의 수용성을 높이는 설득 기법
욕구 단계 이론	인간의 욕구가 낮은 단계부터 높은 단계로 5단계 계층을 이루며, 하위 욕구가 충족되어야 상위 욕구가 나타난다는 이론
윈저 효과	정보나 소문을 당사자에게 들을 때보다 제삼자를 통해 들을 때 더 신뢰하게 되는 현상
유사성의 법칙	유사한 요소가 있을 때 상대를 더 가깝게 느끼거나 신뢰하게 되는 심리적 경향
이케아 효과	완성도보다 투입된 소비자의 노력과 관여도가 가치를 끌어올리는 인지적 편향
인지 부조화	자신의 신념과 모순된 행동을 했을 때 생기는 심리적 불편함을 해소하기 위해 논리를 수정하는 인지적 오류
일관성의 법칙	일단 어떤 입장, 선택, 행동 등을 취하면 그와 일치하게 행동하거나 그렇게 보이려 하는 경향

자기 결정 이론	인간은 능동적이고 성장 지향적인 존재이며, 자율성, 유능감, 관계성이라는 세 가지 요소가 충족될 때 성장이 극대화된다는 이론
자기 고양적 편향	자신에게 부정적인 행동이나 사건을 상황적 요인으로 돌리고, 긍정적인 사건이나 행동은 내적 요인으로 돌리는 심리적 편향
자기 제시	복장이나 태도 등 외형을 통해 인상을 바꿔 자신에 대한 평가를 높이는 심리 기술
자기중심적 편향	자신의 관점이나 생각에 지나치게 의존해 세상을 해석하고, 현실보다 자신을 더 높이 평가하는 인지적 오류
자기효능감	원하는 결과를 얻기 위해 필요한 행동을 성공적으로 수행할 수 있다는, 자신의 능력에 대한 믿음
자이가르니크 효과	매듭짓지 못한 일이나 중단된 과제를 완성한 일보다 더 잘 기억하는 심리 현상
조해리의 창	자신과 타인의 인식을 기준으로 마음을 네 영역으로 나눈 대인관계 및 자기 인식 분석 도구로, '열린 창'을 넓히는 것이 신뢰 형성의 핵심
집단 극화	집단 내 토론 과정에서 구성원들이 보다 극단적인 주장을 지지하게 되는 현상
집단 사고	응집력 높은 집단의 사람들이 만장일치를 추진하기 위해 노력하며 비판적 생각을 하지 않는 현상
초두 효과	처음에 제시된 정보나 인상이 나중에 제시된 정보보다 더 큰 영향을 미치는 현상
최신 효과	가장 최근에 접한 정보나 인상이 기억에 더 오래 남거나 결정에 영향을 미치는 현상
칵테일파티 효과	소란스러운 환경에서도 자신과 관련된 정보를 뇌가 선택적으로 골라 집중하는 심리적·청각적 효과
칼리굴라 효과	금지된 것이 충동적 욕구를 불러일으키는 현상
콜드 리딩	정보가 없는 상태에서 보이는 모습과 보편적인 내용을 종합해 상대를 꿰뚫어 보고 있는 것처럼 말하는 화술
큰 수의 법칙	시행 횟수가 늘어날수록 통계적 확률이 이론적 확률에 근접해지는 현상

통제력 착각	우연과 실력이 혼재한 상황에서 우연의 역할을 과소평가하고 모든 성과가 스스로 통제한 결과라고 믿는 인지적 착각
파레토 법칙	전체 결과의 80%가 전체 원인의 20%에서 발생한다는 법칙
파킨슨의 법칙	주어진 시간이 많을수록 일도 그에 비례해서 팽창하게 된다는 심리적 경향
편승 효과	특정 상품에 대한 수요가 다른 사람들의 수요에 영향을 받는 현상
폰 레스토프 효과	유사한 항목 가운데 가장 차별화되거나 고립된 요소가 더 눈에 띄는 현상
풋 인 더 도어 전략	작은 부탁으로 마음을 연 뒤 점점 더 큰 핵심 요청을 받아들이도록 유도하는 심리 기법
풋 인 더 마우스 효과	간단한 질문으로 멈춰 세운 후 본론까지 대화를 이어가는 심리 기법
프라이밍 효과	먼저 제시된 자극이 나중에 접하는 정보의 해석이나 행동에 무의식적으로 영향을 미치는 현상
프레이밍 효과	동일한 정보라도 제시하는 틀에 따라 사람들의 판단이나 선택이 달라지는 현상
프리맥의 원리	빈도가 높은 행동(좋아하는 일)이 빈도가 낮은 행동(싫어하는 일)을 강화할 수 있는 동력이 된다는 이론
플라세보 효과	약효가 없는 가짜 약을 진짜 약으로 믿고 복용했을 때, 환자의 긍정적인 기대로 인해 실제로 병세가 호전되는 현상
플로 이론	과제의 난도와 자신의 능력이 균형을 이룰 때 일어나는 극도의 몰입 상태
피그말리온 효과	타인의 긍정적인 기대나 관심이 좋은 결과로 이어지거나 개인의 성과를 높이는 심리적 현상
피크 엔드 법칙	전체적인 경험의 평균치보다 경험의 절정과 마무리가 평가를 좌우하는 현상
피터의 법칙	조직 내에서 사람들이 승진할수록 자신이 가진 능력의 한계에 도달하게 되는 현상
하인리히의 법칙	1건의 대형 사고 발생 전 29건의 경미한 사고와 300건의 아찔한 순간이 발생한다는 이론으로, 1:29:300의 법칙이라고도 불린다
허니문 효과	신혼여행에 비유해 새로운 시작 단계에서 나타나는 긍정적인 기대감 혹은 상승세를 뜻하는 현상

현상 유지 편향	변화나 새로운 대안을 추구하기보다 현재의 상태나 익숙한 방식을 그대로 유지하려는 심리적 경향
호손 효과	누군가 관찰하고 있다고 인식할 때 평소와는 다르게 행동하는 현상
호혜성의 법칙	타인에게 호의나 선물, 양보를 받으면 유사한 방식으로 보답해야 한다는 심리적 압박을 느끼는 현상
확증 편향	자신의 판단을 뒷받침하는 정보만 선택적으로 수집하고 반대되는 증거는 무시해버리는 인지적 편향
후광 효과	대상의 두드러진 한 가지 특징이 다른 특성이나 전체적인 평가에 영향을 미치는 현상
휴리스틱 사고	복잡한 의사 결정 상황에서 인지적 노력을 줄이기 위해 직관, 경험에 기반해 빠르고 단순하게 판단하는 사고방식
희소성의 법칙	사람들이 희귀하거나 제한된 자원을 더 가치 있게 평가하는 현상

비즈니스
다크심리학

초판 1쇄   2026년 3월 30일
초판 2쇄   2026년 4월 20일

지은이   사이토 이사무
옮긴이   김은선
펴낸이   허연
편집장   유승현

책임편집   고병찬 민경연
편집부   정혜재 이예슬 장현송
마케팅   한동우 박소라 김영관
경영지원   김정희 오나리
디자인   김보현 한사랑

펴낸곳   매경출판㈜
등록   2003년 4월 24일(No. 2-3759)
주소   (04557) 서울시 중구 충무로 2 (필동1가) 매일경제 별관 2층 매경출판㈜
홈페이지 mkbook.mk.co.kr   **스마트스토어** smartstore.naver.com/mkpublish
페이스북 @maekyungpublishing   **인스타그램** @mkpublishing
전화 02)2000-2611(기획편집) 02)2000-2646(마케팅) 02)2000-2606(구입 문의)
팩스 02)2000-2609   **이메일** publish@mkpublish.co.kr
인쇄·제본 ㈜M-print 031)8071-0961
ISBN 979-11-6484-869-0(03320)